영혼의 말

이종건 지음

영혼의 말

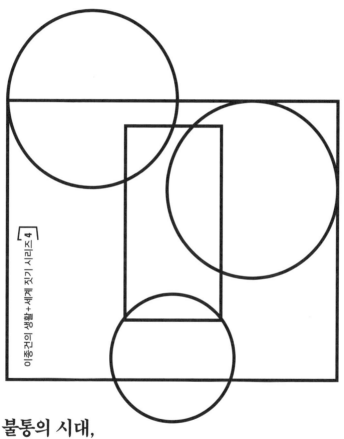

이종건의 생활+세계 짓기 시리즈 4

불통의 시대,
나의 말과 몸짓이
너에게 건너가기 위해

궁리
KungRee

차
례

0
/
프롤로그

촛불집회는 온전히 비폭력적이었다. 돌이켜 생각해도 참으로 아름다운 사건이었고, 그로써도 충분히 혁명적이었다. 감동적이었다. 그런데 그것은 그뿐 아니라 우리 사회의 어두운 그림자들도 짙게 드리웠다. 그중 하나는 개인적으로나 사회적으로 가장 중요한 소통의 단절이다. 촛불과 태극기라는 양단의 기표를 둘러싼 생각들, 말들, 몸짓들 사이에 벽이 있었다. 도무지 넘을 수 없던 그 벽은 섬뜩하게 냉랭했으며, 무척 단단하고 높았다.

촛불로 뜨거웠던 그때의 도시공간은 지금 태극기가 휘날린다. 촛불집회가 중단된 때부터 지금까지 토요일마다 그리 해오고 있다. 태극기는 자신의 길을 한결같이 간다. 이쪽 권력이 서쪽으로 지고 저쪽 권력이 동쪽에서 떠오르던 뜨거운 시간, 촛불 사람들은 태극기 사람들을 결코 이해하려 들지 않았다. 거꾸로도 마찬가지다. 양쪽 모두 선과 악의 구도가 너무나 선명하고 분명했다. 주어 자리를 차지하는 사람(들)은 온몸으로 정의를 실천하는 사람, 목적어 자리에 배치되는 사람(들)은 끝까지 저항하는 악한 자였다. 합리적 대화는 원천적으로 불가능했는데 그것은 아마 지금도 그럴 것이다. 비판적 이성에 정초해야 마땅한, 소위 공부하는 사람들도 크게 다르지 않았다. 그리하여 그 상황은 그야말로 두 근본주의가 한 치의 양보 없이 대치하는 광기의 장면을 때때로 드러내었다. 이쪽의 말과 몸짓은 저쪽으로 결코 건너가지 못했다. 둘 사이의 간극은 심연이었다.

어떻게 하면 나의 말과 몸짓이 너와 나 사이에 놓인 간극을 건널 수 있을까? 그리하여 너의 가슴을 건드리고 너의 마음을 움직일 수 있을까? 이 글은 이 문제를 끌어안고 고민하며 지은 생각의 구조물이다.

소통의 문제는 딱히 정치영역에 국한되지 않는다. 삶의 모든 영역에 걸려 있다. 삶의 햇수가 짧지만 뒤를 돌아보고 지금 여기를 봐도 소통은 늘 힘겹고 어렵다. 사람과 사람 간의 소통은, 특히 마음과 마음이 만나는 소통은 거의 불가능하다. 우선 한국인들은 지나치게 감정적이다. 그리고 원초적 욕망과 맞물리면 대개 폭력적이다. 그리하여 사랑마저 힘의 구도에 배치시켜 지배의 대상으로 삼는다. 소유하려 든다. 성차性差든, 사회적 위치의 차이든, 금권金權의 크기의 차이든, 우리 사회는 힘 센 자(들)가 현실을 실효적으로 지배하는데, 집단에서는 대개 다수가 참주다. 합리적 소통의 본보기가 되어야 할 대학마저 그리 다르지 않다. 거기서도 합리성이 아니라 힘이 논리다. 그리고 모든 힘의 중심에는 사욕私慾이 도사린다. 거짓 성추행 누명이 초래한 동아대 손현욱 교수의 안타까운 죽음은 대학사회의 야만성을 날것으로 보여준다. 사태가 더 나쁜 것은, 이미지가 돈이 될 정도로 축적되고, 돈이 이미지가 될 정도로 축적된 '스펙터클 사회'의 온전한 도래로, 생각의 활동이 점증적으로 배제되고 축소되고 있다는 점이다. 생각의 활동이 절박하고 절실하다.

세상은, 특히 한국 사회는 급변한다. 불모의 땅으로 거친 지정학적 경제상황을 돌파해온 것은, 순전히 속도 덕분이다. '빨

리빨리Pali-pali'는 지구인들도 아는 한국문화의 특징이다. 밥그릇의 후유증이 상당하지만 우리가 다급히 지나온, 지나가고 있는, 지나갈 역사의 궤도를 챙겨 돌아볼 정신의 여유는 지금도 없다. 밥그릇은 차도, 돈 기계(와 욕심)가 멈출 줄 모르기 때문이다. 경제협력개발기구OECD 국가들 중에서 한국은, 경제성장에도 불구하고 물질주의 가치관에 갇힌 '유일한' 나라다.[1] 여러 후유증들 중 무엇보다도 영혼의 위축 혹은 상실이 위중危重하다. AI가 인간이 되는 속도보다 인간이 기계가 되는 속도가 더 빠르고, 성폭력, 데이트폭력, 가족살해, 인공 재난, 부정부패, 자본만 불리는 재개발과 젠트리피케이션, 묻지 마 살인, 혐오 범죄, 이주 노동자 차별, 시간제 노동자의 파리 목숨 등, 사회악의 목록이 끝이 없다. 결코 일어나서는 안 될 일이 끊임없이 일어나고, 출현해야 마땅할 큰 영혼은 머리카락 한 올 보이지 않는다. 소위 사회지도자라 불리는 사람들은 대중의 교양과 상식의 감각을 한 치도 넘어서지 못한다. 대통령을 지낸 사람마저 기개와 영혼의 크기가 시정잡배 수준이다. 아무도 스승으로 나서지 않고, 누구도 스승을 필요로 하지 않는다.

---

1 「정치인들이 광장정치로 분열 조장… 법치 회복 기회 돼야.」, 한국경제, 2017. 2. 25.

우리에게는 인기 가수도 좋은 영화배우도 많고, 능력 있는 사업가도 뛰어난 예술가도 적지 않은데, 사상가가 없다. 이 시대를 구성하는 힘들에 사유思惟로, 기개로 맞서는 이가 없다. 시대의 타락에 맞서 영성을 지키고 이끌어가는 종교 지도자도 없다. 큰 덕과 큰 깨달음으로 큰 삶을 사는 큰 영혼은 어디에 있는가? 어디로 다 사라졌는가? 누구도 교양의 실종을, 영혼의 상실을 크게 염려하지 않는다. 혹은 말뿐이다. 사유하는 것을, 명상하고 기도하는 것을 업으로 삼는 사람은 살 수 없는 불모의 땅이어서 그런지, 불모의 땅도 뚫고 올라올 만큼 강한 영혼이 없어서 그런지 알 수 없는 일이다. 이 세상의 역운歷運이 어찌될꼬. 미세먼지로 덮인 하늘은 알고 있을까.

1

가슴에 남아 있는 것들

어떤 마음은 무엇을 접하고서야 생긴다. 견물생심見物生心의 탐심을 말하는 것이 아니다. 그것을 만나고서야 비로소 어떤 말을 하고 싶게 하는, 그러한 마음의 일렁거림. 그로써 오랫동안 내면에 웅크리고 있던 어떤 말이, 혹은 영혼이라 부를 수 있을 어떤 에너지가 움직이며 길을 내는 일. 그것은 전적으로 우발적 만남에서, 깨우침이 그렇듯 수동적 부딪힘[2]에서 비롯한

---

2 깨달음은 바닷가에서 돌을 줍듯 그것을 갖기를 원하는 자가 능동적으로 획득할 수 있는 것이 아니다. 죽비(竹篦)의 내려침이 다른 시공간을 여는 순간 내 안에서 솟구치는 무엇이다. 그 순간 내가 아는 것들이 독특하게 짜여 수동적으로 문득 나타나는 것이다.

다. 얼마 전 어떤 건축가의 작품이 그랬다. 참 드문 일인데 그것을 접하고 실로 오랜만에 건축으로 이야기하고 싶은 마음이 일었다.

지난 해 봤던 많은 영화들 중 몇 영화는 여전히 마음에 서성인다. 퓰리처상 후보에 오른 해리슨Jordan Harrison의 동명同名 연극을 모티프로, 미국 영화감독 알머레이다Michael Almereyda가 만든 〈당신과 함께한 순간들〉(2017)은 누군가에 대한 인식과 기억이 어떻게 형성되는지, 그리고 그/녀에 대한 그리움이 나의 기억으로 해갈될 수 있는지 자문하게 한다. 이란 영화감독 파라디Asghar Farhadi의 작품 〈세일즈맨〉(2016)은 복수의 욕망과 한계와 의미가 무엇인지 고민하게 한다. 헝가리 영화감독 라슬로 Nemes Jeles László가 감독하고 라슬로와 로이어Clara Royer가 공동 각본을 맡은 〈사울의 아들〉(2015), 그리고 벨기에 영화 제작자이자 감독 다르덴 형제Jean-Pierre Dardenne, Luc Dardenne가 만든 〈언노운 걸〉(2016)은 어떤 윤리규범이, 그리고 그것을 불가능

그러므로 그때 깨달음을 얻기 위해 우리가 할 수 있는 것은 오직 오랜 시간 묵묵히 공부하는 길밖에 없다. 그러고서, 깨달음은 근본적으로 나(의 앎)를 초월하는 사건이니, 내가 공부한 것들 곧 내가 아는 것들에 결박되지 않도록, 그러니까 나의 모든 지식들로부터 자유로운 상태에 머물도록 정신을 틈틈이 챙기는 수밖에 없다. 깨달음은 오랜 공부와 열린 정신과 깨달음을 기다리는 마음의 결과다.

성에 이르기까지 실천하려고 애쓰는 행위가 삶의 핵심 의미가
아닐지 곰곰이 생각하게 한다.

최근에 읽었던 여러 책들 중 유독 발저Robert Walser의 『벤야
멘타 하인학교』[3]가 뇌리를 떠나지 않는다. 발저가 거기서 그려
내고 있는 (단 한 번도 진지하게 생각해본 적 없는) 몇 인간상은,
모든 가치가 돈의 발꿈치 뒤에 모여드는 이 시대에 도대체 어
떤 사람으로 살아야 할지, 어떤 삶이 내 자신을 지킬 수 있을
지, 생각의 뿌리를 건드린다. 무릇 예술이란 그렇게 우리를 건
드리는 법이다. 시야에서 사라져도 우리를 붙잡고 놓아주지 않
는다. 그리하여 때때로 홀로 조용히 있는 시간에 돌이켜 생각
하게 한다. 머리를, 혹은 마음을 일렁거려 그 의미를 붙잡기를
요구한다. 그러므로 건드림이야말로 예술의 정수라 해야겠다.

그런데 그것이 어디 예술에 국한되는 일인가? 우리의 대화
는, 우리의 관계는 얼마나 피상적인가? 역사적으로 전례 없이
사회관계망이 촘촘하고 넓게 짜인 소위 '페이스북 시대'에 우

---

3 로베르트 발저, 『벤야멘타 하인학교: 야콥 폰 군텐 이야기』, 홍길표 옮김, 문학동네, 2009.

리는 얼마나 외로운가? 그리하여 우리는 얼마나 내면을 건드리는 언행에 목마른가? 스마트폰에 저장된 사람들 중 말 건네고 싶은 사람이 몇이나 되는가? 속내를 나눌 수 있는 친구가 얼마나 있는가? 피상적 관계가 주는 피로감으로 자신의 정체성을 숨긴 채 소통하는 '팬텀족'이 확산되고,[4] '관태기(관계 권태기)'라는 신종용어가 일간지에 심심찮게 등장한다.[5] 한국을 떠나 30년간 미국 주류 학계에 머물며 한국을 연구한 신기욱 교수(스탠퍼드 대학 아시아태평양연구소 소장)의 글은 우리 사회의 폐부를 찌른다. 내부인이자 외부인의 시각으로 한국 사회를 관찰하고 분석한 것을 그는 『슈퍼피셜 코리아』[6]라는 제목의 책에 담았다. '피상적인 한국'이다. 그는 거기서 한국인의 사회적 관계가 얼마나 강하면서도 가식적인지, 얼마나 바쁘고 피상적인 관계에 무대책으로 빠져드는지, 한마디로 우리의 내면이 얼마나 황폐한지 보여준다.

---

4 「"인간관계에 지쳤어요"… 익명소통 즐기는 '팬텀족'」, 국민일보, 2017. 5. 20.
5 「함께 있어도 남 같아… 우리 사이도 '관태기'?」, 중앙일보, 2017. 12. 26.
KBS에 따르면, 광고회사 HS애드는 SNS상의 빅데이터 120억 건을 분석해 밀레니엄 세대를 대표할 만한 4가지 단어를 다음과 같이 선정했다. 삶의 균형을 뜻하는 '워라밸', 가격 대비 마음의 만족도를 뜻하는 '가심비', 인간관계와 권태기의 합성어인 '관태기', 그리고 모바일 소통에 익숙한 '모어 모바일'. 〈KBS 뉴스광장〉, 2018. 1. 4.
6 신기욱, 『슈퍼피셜 코리아: 화려한 한국의 빈곤한 풍경』, 문학동네, 2017.

우리는 그렇게 피상적인 말들의 숲 속에서 산다. 마음이나 정신을 건드리지 않는 말들, 별 내용 없이 그저 떠들기 위해 하는, 그래서 하이데거가 삶을 낭비하고 실패하게 만든다고 비판한 소위 '수다(잡담, Gerede)'에 둘러싸여 살고 있다. 그런데 딱히 그렇다고 해서 그렇게 무의미한 말들이나 사물들이, 말 그대로 무의미한 것은 아니다. 형식적인 말은 우리의 내면을 지켜주어, 우리의 마음을 수동적이 아니라 '능동적으로' 열 수 있도록 해주기 때문이다. 무의미할지언정, 형식적이지 않고 편하고 따뜻한 관계에서 이루어질 때 이롭다. 그러할 때 수다는 적대성이 아니라 친밀성과 응원과 연대성을 확인하게 해줌으로써, 일상에서 쌓인 피로와 스트레스도 해소해주고 소통의 즐거움도 준다. 건강에도 좋을 뿐 아니라 심지어 도덕적 감정의 상호 확인과 강화 효과도 있다. 문제는 거의 모든 말들이 수다에서 그친다는 데 있다. 물론 더 큰 문제는 피상적인 말보다 해로운 말이다. 우리의 몸과 마음을 위축시키거나 상처를 주는, 그래서 결코 하지 말아야 할 말들이다.

이로운 말이든 해로운 말이든, 말에 대한 경각심은 동서고금 보편적이다. 구밀복검口蜜腹劍. 꿀처럼 달콤한 말에 칼이 숨겨져 있다. 성경은 이렇게 가르친다. "죽고 사는 것이 혀의 권세에 달렸나니 혀를 쓰기 좋아하는 자는 그 열매를 먹으리라."(잠언 18:21) "혀는 곧 불이요 불의의 세계라 혀는 우리 지체 중에서 온몸을 더럽히고 생의 바퀴를 불사르나니 그 사르는 것이 지옥 불에서 나느니라."(야고보서 3:8) 탈무드는 이렇게 가르친다. "물 고기는 언제나 입으로 낚인다. 인간도 역시 입으로 걸려든다." 나향욱 전 교육부 정책기획관은 "민중은 개돼지다"라고 말해 곤경을 자초했다. 박근혜 전 대통령의 말들 또한 자신에게 복이 되기는커녕 감당키 어려운 화를 불렀다. 박찬욱 감독의 〈올드 보이〉(2003)는 험담을 퍼뜨리는 대가가 얼마나 혹독한지 잔인 하게 보여준다. 참혹하기 그지없다.

그리하여 후대가 처세의 달인으로 일컫는 중국 정치가 풍 도馮道는 자신의 처세관을 이렇게 남겼다. "입은 화를 불러들이 는 구멍口是禍之門이며, 혀는 몸을 자르는 칼과 같다舌是斬身刀. 입 을 닫고 혀를 깊이 감추어두면閉口深藏舌 어디서나 몸이 안전하 다安身處處宇." 화순 쌍봉사에 가면, 사람의 키 다섯 배쯤 길게 나 온 혀를 벌하는 탱화가 지장전 벽면에 그려져 있다. 말은, 한마 디로 천 냥 빚 갚는다는 속담처럼 이롭기도 하지만, 삶의 경륜 이 깊은 자들은 대체로 침묵을 귀히 여긴다. 말을 많이 하면 후 회가 늘고 말을 많이 들으면 지혜가 는다거나, 물은 깊을수록 소리가 없다거나, 말하는 사람은 씨를 뿌리고 침묵하는 사람은 거두어들인다고 조언한다. 좋은 혀는 귀하다. 그래서 고귀하다. "세상에 금도 있고 진주도 많거니와 지혜로운 입술이 더욱 귀한 보배이다."(잠언 20:15)

우리는 때때로 세 치 혀로 상처를 주고 상처를 받는다. 인간은 근본적으로 어리석기 때문일 뿐 아니라, 너와 나 사이에는 메울 수 없는 존재의 간극이 존재하기 때문이다. 너와 나는 결코 같은 존재일 수 없다. 생각도 감성도, 그리고 무엇에 끌리는 영혼도 다르다. 다른 유전자와 다른 환경과 다른 삶의 궤도로 인해 발생하는 너와 나의 차이는 없앨 방도가 없다. 심지어 일란성 쌍둥이도 성격이 다르다. 좋든 나쁘든, 모든 사태는 거기서 비롯한다. 아무리 우리 자신의 지혜에 충실해도, 우리는 무시로 상대에게 상처를 줄 수밖에 없는 운명이다.

석가모니에 따르면 인간의 모든 고통의 뿌리는 어리석음(과 분노와 욕심)이다. 그러니 우리는 수시로 지혜를 구하며 살아야 마땅하다. 그런데 정보와 인공지능의 시대, 그리고 예능의 시대는 지혜를 반기지 않는다. 권력이 바뀔 때마다 그 중심을 향해 몰려드는, 신기욱 교수의 표현으로 '두더지페서'(현실정치에 뛰어드는 교수)들은 지식을 영달榮達의 도구로 삼는다. 한국 사회는 오직 진리만 쫓아야 할 과학과 인문학마저 경제적 유용성에 가둔다. 세상은 정보와 지식의 경계를 흐리고 지능과 지성을 구분하지 않는다. 모든 매체들은 모든 것을 예능으로 삼아 시청률 올리는 데 (그리하여 광고비 늘리는 데) 에너지를 쏟고, 기자들은 사실보다는 선정적인 '낚시성 기사'로 구독률 올리는 데 (그리하여 명성 쌓는 데) 몰두한다.

미국 촬영감독 블랙허스트Rod Blackhurst와 영화감독 맥긴Brian McGinn이 함께 만든 다큐멘터리 〈아만다 녹스〉(2016)는 사람들이 진실이 아니라 선정성에 얼마나 목말라 하는지 극명하게 보여준다. 녹스의 사건을 다루는 모든 기자들이 선정성 공작의 공범인데, 사람들은 심지어 만들어서라도 기어이 괴물을 보고 싶어 한다. 아마 주인공 녹스의 말처럼, 사람들이 그 지경까지 내면에 도사리고 있는 불안을 대상에 투사함으로써 불안에서 벗어나고 싶기 때문일 것이다. 녹스의 재판으로부터 자유로운 한 법의학자가 들려주는 키케로의 명언은 삶의 격률이다. "모든 인간은 실수한다. 그러나 어리석은 인간들은 그 과오 속에 머문다." 전직 대통령들을 비롯해 수많은 한국 정치인들은 실수가 만인에게 공개되고도 어리석은 행동을 릴레이처럼 이어간다. 자유한국당의 김종석 의원은 자신이 시민에게 보낸 "ㅁ ㅊㅆㄲ"를 "아무런 의미가 없는 문자열"이라고 변명하기 급급 했다.

2

상처를 대하는
두 가지 존재 양식

우리가 피차 상처를 주고 상처를 받는 것은, 우리 모두 어리석기 때문이다. 어리석으면서도 나는 너에게 건너가고자 하고, 너는 나에게 건너오고 싶어 하기 때문이다. 그런데 너와 나를 가르는 간극을 상처 없이 건너는 방도는 없다. 너와 나는 얼마일지 모를 상처를 내고서야 비로소, '조금이나마 그리고 잠시나마' 만날 수 있기 때문이다. 묵언默言으로 홀로 머물어도 상처를 낸다. 자발적이든 아니든, 고립된 존재는 다른 이의 마음을 아프게 한다. 관계에서 벗어날 길은 없다. 출가가 그나마 유일한 방도지만, 범인은 감히 도모할 수 없는 길이다. 그리하여 우리 앞에는 두 개의 극단의 길이 있다. 하나는 최소로 존재함으로써 상처를 피하는 길이며, 다른 하나는 기꺼이 상처를 껴안은 채 최대로 존재하는 길이다. 우리는 대부분 그 사이에서 머뭇거린다.

발저의 대표작 『벤야멘타 하인학교』의 크라우스는 '최소로 존재하기'의 전형을 이루는 인물이다. 크라우스는 아주 미미한 존재, 하찮은 존재, 아무것도 아닌 영素의 존재다. 누구에게도 사랑받지 않고 그리움의 대상이 되지 않는 존재다. 그가 그리되기 위해 필요한 것은, "아무것도 사랑하지 않고 아무것도 미워하지 않는" 것이며, 성공이나 명성 따위는 전혀 관심을 가지지 않는, 아니 결코 이루지 않는 것이며, "결코 누군가를 속이거나 헐뜯지 않는" 것이며, "비밀을 간직하고, 남에게 함부로 이야기하지 않는" 것이며, "어떤 종류의 이기심도, 눈곱만큼의 이기심도 없는 대신 자기 규율"에 철저히 복무하는 것이다. 그는 그로써 "별 걱정 없이 편안하게 살아"가는데, 주인공 야콥의 눈에는 그 점이 진정 경이롭다. "크라우스는 진정한 신의 작품이며, 무이며, 하인이다." 그는 "거짓 없는, 아주, 아주 단조롭고, 명료한 존재의 초상"으로서, "멋지고, 멋지고, 또 멋지다."

한마디로 크라우스는 사람과 세상에 대해 어떤 욕심도 품지 않는 존재다. 그래서 "내면에 있는 무언가가 그를 공략할 수 없는" 바위 같은 존재다. 야콥은 벤야멘타 하인학교에 마지막 고별인사를 하며 말미에 이렇게 단언한다. "신은 생각하지 않는 자와 함께 간다." 욕망하지 않고 생각하지 않은 채 주어진 삶의 운명에 묵묵히 순응하는 존재. 자신을 비워, 아니 자신을 오직 무無로써 꽉 채워, 사람들과 세상이 요구하는 보잘것없는 유용성에 복무하는 존재. 마치 시시포스와 같은 그러한 존재는 인간관계에서 발생하는 어떤 갈등도, 어떤 상처도 모른다.

세상에서 성공하는 일, 곧 치열한 경쟁을 거쳐 사회구성원의 상위 1퍼센트로 신분 상승하는 일은 불가능에 가깝다. '개천에서 용 나는' 시절이 더 이상 아니니 불가능하다고 해야겠다. 그런데도 우리 사회의 거의 모든 사람들이 여전히 그러한 방식으로 성공하려고 애쓰는 것은, 그것을 겨냥해야 그나마 생존의 불안에서 벗어나 (이 또한 불안정하지만) 중산층의 삶을 누릴 수 있다고 믿기 때문이다. 우리의 현실은 실제로 대개 그렇다. 우리 사회의 상위 1퍼센트를 형성하는 핵은 대단한 부나 명예나 권력이다. 그리고 이 셋은 긴밀하게 맞물려 있다. 돈을 무지 많이 가지고 있는 것은 그 자체가 명예이자 권력이고, 대단히 유명한 사람은 유명세라는 권력을 그와 동시에 가지며 돈 걱정 할 일 없다. 큰 권력을 지닌 사람은 돈과 명예가 쉽게 혹은 그저 따라온다. 우리 사회에서 성공하는 삶은 정확히 그 셋 중 하나를 획득하는 것이다.

지금까지는 그 세 개의 가치가 한국 사회를 지배했다. 그런데 근간의 뉴스들에 따르면 요즈음 특히 청년들 세대에서 변화의 바람이 분다. 한국은 경제협력개발기구OECD 국가 중에서 물질주의 성향이 가장 강한 나라이지만, 청년세대에서 탈脫물질주의와 분배 지향성이 높아지면서 가치관이 빠르게 변하고 있다.[7] 미래를 위해 현재를 저당 잡히거나 희생하기를 거부한 채 '지금 여기'를 충실히 즐기며 사는 소위 '욜로YOLO, You only live once족', 불안정한 큰 행복이 아니라, 작지만 확실한 행복을 추구하는 '소확행', 평범하고 소소한 것에 열광하는 '노멀크러시Normal+Crush' 등이 최근에 새롭게 부상한 키워드다.

노멀크러시는 능동적으로 '아무나Nobody'의 존재로 살아가

---

7 「"삶의 질이 경제적 성취보다 더 중요"… '탈물질주의' 경향 뚜렷」, 한겨레, 2015. 8. 31.

는 삶의 양식이다.[8] 니체의 '마지막 인간'에 해당하고 발저의 크라우스에 근접한다. 성공이 근본적으로 차단되어 각자도생으로 생존을 도모해야 하는 형국에서 성공적인 삶에 등을 돌리는 것. 승자독식의 지독한 경쟁에 내몰린 삶의 궤도에서 이탈하는 것. 이것은 지극히 자연스러운 일이다. 연애와 결혼과 출산과 육아를 포기하고 혼족으로 사는 까닭도 그렇다. 돈을 중심으로 돌아가는 세상에서 돈 없이 그러한 일을 도모하는 것은 여간 고단한 일이 아니다. 그리고 그러한 일에는 돈뿐 아니라 인간관계에서 비롯하는 갈등과 상처마저 동반된다. 이기기 힘든 삶의 무게로부터 해방되고자 하는 것은 생명 있는 존재의 필연적 선택이다.

야콥이 보기에 하찮고 사소한 존재로 사는 것이 "진정 경이로운" 삶이라면, 필자가 보기에 그러한 존재의 아름다움은 세상에 악을 품지 않는 데 있다. 세상에 대해 분노하지도 않지만, 무엇보다도 "어떤 경우에도 (나) 자신이 주변 사람들보다 뛰어나다고 느끼고 싶지 않"기 때문이다. 노벨문학상 수상 시인 브로드스키Joseph Brodsky는 1984년 윌리엄스 대학 졸업축사에서

---

8 「노멀크러시: 성공 관심없어!… 나는 '아무나'가 되련다」, 한국일보, 2018. 1. 6.

오만傲慢이라는 악에 대해 이렇게 말했다.

　"(…) 당신의 적이 얼마나 사악할지라도 요점은 그가 인간이라는 점이다. 그리고 우리들처럼 서로 사랑할 수 없을지 몰라도, 그럼에도 불구하고 우리는, 누구든 자신이 다른 사람보다 더 낫다고 생각하기 시작할 때 악이 뿌리내린다는 것을 안다."[9]

　우리 중 대부분은 적어도 속으로는, 우리 자신이 다른 사람보다 더 옳고, 더 선하고, 더 나은 존재라고 생각하지 않는가? 우리가 사는 세상이 이렇게 나쁜 것은 바로 그 때문이 아닐까? 브로드스키는 졸업축사에서 또 이렇게 말했다. "악에 대한 가장 확실한 방책은 극단적 개인주의, 사유의 독창성, 엉뚱함, 심지어 말하자면 기이함이다. (…) 다른 말로, 당신 자신의 피부처럼, 심지어 미성년과도 공유할 수 없는 무엇." 한 인간이 어떤 존재양식을 택하든 그것은 순전히 개인의 몫이고, 논리적으로는 그것이 개인적이면 개인적일수록 그 개인에게 좋은 법이

9　A Commencement Address. Joseph Brodsky AUGUST 16, 1984 ISSUE.
http://www.nybooks.com/articles/1984/08/16/a-commencement-address/

다. 게다가 개인과 사회는 상호관계성에 놓여 있지만, 타자에 대해 우월의식을 갖지 않은 채 자신의 고유한 삶을 사는 것은 적어도 사회적 악은 되지 않는다. 세상의 성공에 등을 돌린 채 오직 자신에게 충실한 삶을 사는 모든 형태의 개인주의는, 특히 집단주의와 근본주의가 획일적 욕망으로 문화적 다양성을 억압하는 우리 사회에서 선한 삶의 출발선이 아닐까 싶다.

영화 〈사울의 아들〉에서 사울은 크라우스의 미미한 존재와 대극을 이루는 인물이다. 그는 모든 위험을 기꺼이 끌어안은 채 자신이 살고자 하는 삶을 위해 사력을 다한다. 아우슈비츠에 감금된 유대인 사울은, 지옥의 상황에서도 오직 죽은 아들의 존엄한 장례를 치르는 데 혼신을 바친다. 결국 매장에 실패한 아들의 시체가 강물에 떠내려가면서 자신이 할 수 있는 것은 모두 종지부를 맞는다. 함께 탈출한 동료들과 동굴에서 은신 중이던 그는 결국 독일군에 의해 사살되는데, 사살되기 전 아들 또래의 아이를 쳐다보며 '처음이자 마지막으로' 소리 없이 웃는다. 아마도, 마땅히 해야 할 바를 다한 자에게 주어지는 구원의 표식일 것이다.[10]

---

10 괴테는 이렇게 말했다. "자신의 모든 힘으로써 애쓰는 자는 그가 누구든 구원이

사울이라는 인물의 원형은, 그리스 3대 비극시인 중 한 사람인 소포클레스Sophocles의 비극 『안티고네Antigone』의 주인공 안티고네다. 안티고네는 조국을 배신한 자를 매장하지 못하도록 금지하는 국가권력에 불복한 채 기어이 죽은 오라비의 장례를 치른다. 그리고 그로써 국가폭력에 의해 죽음을 당한다. 죽음까지 불사하는 그녀의 행위는 '마땅한 삶'에 대한 그녀 자신의 윤리적 실천이다. 비록 그리하는 것이 국가의 법을 어기는 행위이지만, 그녀에게는 인륜이라는 불문법이 우선이다. 인륜은 인간이라면 모두 떠맡아야 할 (신들이 부여한 신성한) 책무이기 때문이다. 최대한으로 사는 존재양식은 그렇게 윤리적 이념이 구성한다.

국가권력이 넓고 깊이 개입한 블랙리스트 사건이 보여주듯, 우리 사회는 국가주의가 여전히 강하다. 인문학, 예술, 언론, 교육을 포함한 그야말로 문화의 전 영역을 국가가 간섭하고 통제했다. 옳은 정신을 지닌 사상가(인문학자)와 예술가와 언론인과 교육자라면, 그/녀가 누구이든, 어떤 상황에서든, 국가(권력)에 등져야 마땅하다. 브로드스키는 1987년 노벨상 수

허여된다."

상연설에서 이렇게 말했다. "미학은 말할 것도 없고 국가의 철학, 윤리는 항상 '어제'다. 언어와 문학은 항상 '오늘'이고, 특히 정치체계가 정통인 경우 심지어 종종 '내일'을 구성할 수도 있다."[11] 아마도, 항상 변화 중에 있는 현재는 불안정하고, 미래는 불확정적이어서 권력의 토대가 될 수 없기 때문일 것이다. 그런 맥락에서 시스템의 안전을 최우선 과제로 삼는 국가(주의)는 변화와 사건이 핵심인 생명과 존재에, 시와 문학과 예술과 철학에 역행한다. 지극한 고독으로 영성과 깨달음을 구하는 자와 대립하는 것은 두말할 나위 없다.

〈언노운 걸〉의 의사 제나 또한, 어떤 불확실성과 위험도 무릅쓴 채 자신이 마땅하다 여기는 윤리적 책임을 끝까지 떠맡는다. 진료시간이 끝난 후 초인종을 누른 소녀가 나중에 변사체로 발견되는데, 단지 초인종 소리에 응답하지 않았다는 사실이 그녀의 마음을 무겁게 짓누른다. 타인의 요청에 대한 응답은 윤리의 핵심문제다. '책임responsibility'이라는 낱말의 진정한 뜻은 주어진 사태에 '응답할 수 있음ability to respond', 곧 응

---

11 https://www.nobelprize.org/nobel_prizes/literature/laureates/1987/brodsky-lecture.html

답에 따른 결과를 떠맡는 행위다. '응답하다respond'의 라틴어 'respondere'는 "대답하다, (답례로) 약속하다"라는 뜻을 포함한다. 책임을 진다는 것은, 타자를, 나를 부분으로 구성하는 존재의 동일한 부분으로 보고, 그/녀의 요청에 응답하는 것이다. 제나의 응답은 죽은 자를 포함한다. "도저히 그럴 수 없어. 내가 왜 그래야 돼?/ 지금 우리에게 부탁하고 있잖아요./ 누가?/ 죽은 소녀요./ 죽었으면 끝난 거라고!/ 끝난 게 아니니까 우리가 이렇게 괴롭겠죠."

제나가 하고자 한 것이란 정확히, 책임윤리를 '철저히' 실천하는 것이다. 그런데도 그녀의 행동이 우리에게 적잖이 낯설게 다가오는 이유는, 죽은 이는 고사하고 살아 있는 자마저 응답하고 약속할 대상이기는커녕, 생산과 이익을 위한 도구로 삼는 우리 현실이 지닌 불편한 진실 때문이다.

3

눈길 끄는 요청

밥이든 노래든 예술작품이든 우리가 지어낸 것들은 모두 그러하고, 나의 모든 말과 몸짓은 너를 원하는 나의 마음의 표현이다. 네가 말이나 몸짓으로 응답해주기 원한다. 설령 아무도 없는 공간에서 홀로 그리해도, 익명이든 아니든, 나의 의식에는 늘 네가 있다. 너를 의식한다. 나는 전적으로 홀로 성립할 수 없는 존재이기 때문이다. 우리의 모든 말과 몸짓은 하나의 요청이다. 문제는 나의 요청이 너에게 건너가지 못한다는 것이다. 그리하여 우리는 외롭다.

나의 요청은 왜 응답받지 못하는가? 우선, 이 물음은 방향이 잘못되었다. 이렇게 다시 물어야한다. 네가 왜 나의 요청에 응답해야 하는가? 물음의 방향을 바꾸는 순간 '응답 없는 요청'의 문제를 풀 실마리가 나타난다. 책임은 전적으로 나에게 귀속된다. 응답이 없는 것은 곧 나의 요청에 네가 응답해야 할 필요하고도 충분한 근거가 없다는 뜻이다. 내가 응답받지 못하는 것은, 나의 요청이 네 것이 아니라 나의 것으로 구성되어 너의 관심사에 들지 못하기 때문이다.

너의 응답을 필요로 하는 나는 명령하는 자가 아니다. '구하는 자'다. 요청하는 나는, 응답하는 너에 비해 낮고 불리한 자다. '응답 없는 요청'의 가장 큰 이유는 바로 그 점, 곧 나의 위치를 제대로 인식하지 못하는 데 있다. 너를 나의 요청의 중심에 두지 않는 데 있다. 그렇다고 너를 나의 중심으로 삼아 나를 변두리로 밀어내는 것은 요청의 의미가 없다. 내가 요청하는 것은 너의 응답을 매개로 나의 필요를 해결하기 위한 것이기 때문이다. 나도 너처럼 중심이어야 한다. 따라서 요청의 과제는 너의 중심과 나의 중심을 조정하고 맞추는 일, 너와 나의 공통지점을 찾는 일, 곧 소통하는 길을 만드는 일이다. 그리하기 위해 우선 나의 말이나 몸짓이 너의 시선을 끌어야 한다. 네가 주목하도록 해야 한다. 나는 어찌해야 너의 눈길을 끌 수 있는가?

우리는 어떤 대상에 눈길을 주는가? 두말할 나위 없이 눈에 띄는 대상이다. 눈에 익은 것, 곧 일상적이고 평범하고 진부한 것은 거의 주목하지 않는다. 우리는 두드러지는 것에 눈길을 주고, 그래서 남의 눈에 들기 위해 조금이라도 더 돋보이려고 과장한다. 경쟁이 치열할수록 더 그렇다. 세상은 그래서 늘 시끄럽다. 그런데 문제는 모두들 그리하는 까닭에 대부분 효과를 누리지 못한다는 것이다. 게다가 인간의 시선은 대개 사악하다.[12] 시선(과 말)은 욕망이고, 욕망은 근본적으로 시기와 질투와 금기와 환상과 맞물려 있어서, 자신이 결코 가질 수 없는 아름다움(환상)에, 그리고 그보다 더더욱, 그것이 망가지고 훼손되는 장면에 열정적으로 끌린다. 레드카펫이 대표적인데, 여자 연예인들은 노출 경쟁에 기꺼이 뛰어들고 매체는 그녀들의 은밀한 신체부위가 노출되는 순간을 집요하게 사냥한다. 텔레비전 뉴스마저 쇼로 변혜기며 눈길을 끌기 위해 애쓴다. 〈언노운

---

12 라캉이 지적했듯, 성경에는 인간의 시선을 선하게 묘사한 곳이 한 군데도 없다. 시선은, 모든 것을 대상화하는 까닭에, 근본적으로 사악하다.

걸)의 소녀가 초인종을 정말 큰일 난 듯 눌렀다면, 제나가 외면할 수 없었을 것이다.

　한국에서 눈길 끌기 싸움이 가장 치열한 곳은 근린상가라 불리는 건물의 간판이다. (건물 간판만 그런가? 무엇이든 팔아먹고 살아야 하는 세상에선, 대학도 직장도, 학위도 스펙도, 심지어 인맥과 얼굴과 몸매도, 모두 간판이 된 세상이 아닌가?) 근린상가는 여러 업종의 소규모 자영업자들이 먹고살기 위해 장사판을 벌이는 곳이어서 손님(소비자) 눈길 끌기가 필사적이다. 더 빨리 더 많이 눈에 띄기 위해 너도 나도 간판을 더 크고, 더 강렬한 색으로, 더 많이 만들려고 애쓴다. 결국 웬만큼이라도 번잡한 곳에 위치한 근린상가는 보행도로도 간판 장애물에 의해 제대로 기능하지 못하고, 건물도 간판들로 도배되어 '형체 없는 건물'이 되는 꼴이다. 모두가 나 먼저 봐달라고 아우성치는 형국이니, 유홍준은 그러한 "견디기 힘든 시각적 폭력"을 "공권력으로 다스려 한다"[13]고 주장한다.

13　「최범의 한국 디자인 뒤집어 보기: "날 좀 보소" 아우성… 새마을운동식 획일적 정비는 '퇴행'」, 최범, 경향신문, 2017. 12. 21.

그런데 공공기관이 나서서 간판정비 사업을 벌여도 결과가 시원치 않다. 크기를 줄이고 튀는 색을 억제해 시각적으로 조용해지긴 했지만, 디자인이 천편일률적일 뿐 아니라 서구도시 풍경을 따른 것이어서, 우리 자신의 본디 모습을, 우리만의 거친 생명력을 졸지에 잃은 모습이다. 마치 주의력결핍 과잉행동 장애자를 식물인간으로 바꾼 형국이다. 방종과 규제 간의 긴장이, 자유와 훈육 간의 균형이 사라졌기 때문이다.

간판 이야기에서 흥미로운 점은 이것이다. 미감美感이 있는 사람들은 모두 그렇고, 대부분의 사람들이 시끄럽고 번쩍거리는 간판을 그렇게 싫어하는데도, 그리고 모두들 그러니 반대로 점잖게 물러서는 (차이를 확보해 오히려 유리할 수도 있을) 간판 디자인을 할 법도 한데, 우리 사회는 여전히 시끄러운 간판이 도시를 점령하고 있다는 것이다. 간판뿐 아니라 심지어 대로변의 큰 건물들도 우리의 시선을 끌고 싶어 안달이다. 우스꽝스럽고 안쓰럽기 짝이 없다. 시각적으로 요란한 것은 사실 특히 아주 짧은 노출시간에 효과적이다. 인간의 마음과 행동이 기본적으로 그리 합리적이지 않기 때문이다. 이성적으로 판단하면서도 정작 행동은 비합리적인 경우가 다반사이기 때문이다. 2017년 노벨 경제학을 수상한 탈러Richard H. Thaler 교수의 한국어 번역본 제목은 "똑똑한 사람들의 멍청한 선택"[14]이다.

　우리는 왜 비합리적으로 행동하는가? 전통 경제학은 '인간은 언제나 이기적이고 합리적으로 행동한다'는 가정假定에 기초해 모든 분석을 진행해왔다. 그런데 2002년 노벨 경제학 수상자 카너먼Daniel Kahneman 교수를 비롯해 "넛지nudge" 이론으로 유명한 바로 앞의 탈러 교수까지, 행동경제학을 주도하는 현대 경제학자들은 거꾸로 인간은 합리적이지 않다는 명제에서 출발해 왜 그러한지 규명한다. 그들이 보기에 인간은 그리 합리적이지 않다. 예컨대 사람들은 더 좋은 신용카드가 나와도 쓰던 카드를 계속 사용하고, 시청하던 텔레비전 프로그램이 끝나도 채널을 바꾸지 않는다. 그래서 디폴트(아무것도 하지 않을 때 적용되는 조건) 옵션을 어떻게 설정하는지가 매우 중요하다. 또한 사람들은 쾌락(이익)보다는 고통(손실)을 기피하는 쪽으로 행동하고, 99.99달러짜리 스피커는 사면서 100달러짜리는 지나친다.

　더 흥미로운 점은 사람들이 종종 이성적으로 판단하면서도

14　리처드 H. 탈러, 『똑똑한 사람들의 멍청한 선택』, 박세연 옮김, 리더스북, 2016.

비합리적으로 행동한다는 것이다. 예일대 심리학 교수 블룸Paul Bloom은 이렇게 쓰고 있다.

"인간의 정신은 현대적이지 않다. 인간의 고민 대부분이 석기시대 사람들의 심리와 현대인의 환경이 일치하지 않아서 생긴다. 비만이 단적인 예다. (…) 먹이를 구하기 어려운 환경에서 먹을 수 있을 때 먹고 지방을 축적해놓아야 했기 때문이다."[15]

심리철학자 젠들러Tamar S. Gendler 예일대 교수는 바로 그러한 현상을 'alief'라는 새로운 용어로 풀이한다. 그녀에 따르면 'belief'(이성적 믿음)와 달리 'alief(동물적 믿음)'[16]는, "연상적이고, 행동 생산적이고, 정동이 실려 있고, 비합리적이고, 자동적이고, 내용과 관련해서는 참과 거짓 여부를 알 수 없고, 동물들과 공유하고, 다른 인식적 태도들에 발전적으로 그리고 개념적으로 선행한다."[17] "제아무리 현자라도 벼랑 끝에 서면 어린아

---

15 폴 블룸, 『우리는 왜 빠져드는가?』, 문희경 옮김, 살림, 2011, 283-284쪽.

16 'alief'를 '가(假)믿음'으로 옮긴 문희경(앞의 책)과 달리, 나는 '동물적 믿음'으로 옮긴다.

17 Tamar Szabó Gendler, "Alief and Belief," *Journal of Philosophy*, 2007.

이처럼 떤다"라는 프랑스 사상가 몽테뉴Michel de Montaigne의 말이 핵심을 가리킨다. 안전망이 완벽하게 마련되어 있다는 것을 뻔히 알면서도, 바랑 끝에 서면 누구든 무섬증이 덮친다. 공포영화를 볼 때도 마찬가지다. 무서워할 이유가 전혀 없는데도 무서움을 느낀다. 우리가 합리적으로 생각하면서 비합리적으로 행동하는 것은, 정확히 그러한 현상과 맥을 같이한다. 현대인의 마음 밑바닥에는 주술적이고 원시적인 믿음이 도사리고 있어서, 이성적으로는 아무리 안전하다고 생각해도, 동물적으로 위험하다고 여길 수 있는 사태에 직면할 때 비합리적으로 행동한다.

그렇다면 우리는 어떻게 (더) 합리적으로 행동할 수 있는가? 아리스토텔레스는 『니코마코스 윤리학』에서 이렇게 썼다.

"(…) 우리는 정의로운 행동을 함으로써 정의롭게 되고, 절제된 행동을 함으로써 절제하게 되고, 용감한 행동을 함으로써 용감하게 된다. (…) 성격의 상태는 그와 같은 행위들에서 발생한다."[18]

18　Aristotle, *Nichomachean Ethics*, Eds. by J. L. Ackrill, J. O. Urmson, and D. Ross,

행동을 이성적이도록 (반성적으로) 거듭 애서 수행함으로써 습관화시키면 우리가 (더) 합리적인 인간이 될 수 있다는 견해다. 젠들러는 아리스토텔레스의 논지에 따라 자신의 논문의 결론을 다음의 문장으로 결론짓는다. "만약 alief가 행동을 믿음-불일치 경우들로 몰고 간다고 한다면, 그것은 믿음-일치 경우들로 몰고 갈 공산도 크다." 문화(문명화)의 진정한 의미는 그런 것이 아닌가. 문화란, 우리의 동물적 욕망과 충동을 이성을 통해 매개적으로 응대하는 것이 아닌가. 동물적 믿음을 인식할 때마다 반성적 이성을 가동시킴으로써, 그러니까 이성으로 동물적 믿음을 거듭 재구성함으로써 더 합리적으로 행동하고, 더 합리적 인간과 더 합리적 사회로 진보해갈 수 있지 않을까? 불안은 그것의 근원을 분명히 알면 자연히 사라지듯, 비합리적 행동 또한 인식의 힘으로 바꾸어나갈 수 있지 않을까?

과장된 표현은 즉각적 반응을 유발하는 데 분명히 효과적이다. 그런데 그렇다고 해서 그로써 우리의 마음이 꼭 열리는 것은 아니다. 마음을 건드리는 것은 전혀 다른 차원의 문제다. 마치 포장은 화려한데 내용이 빈약한 것처럼, 극적인 표현은 그

Oxford University Press, 1998, pp. 1103-1104.

에 상응하는 실체가 없을 때 도리어 부정적이다. 거꾸로, 마치 반전을 이루듯 소박한 표현이 대단한 내용을 가질 때 그 효과는 극적이다. 서울역사는 서울의 대문이니 멋진 모습으로 다시 지어야 하지 않느냐고 주장하는 사람들이 있는데, 그리하면 시민들이 도리어 대문만 멋지다고 비아냥거리지 않을지 염려스럽다.

4

마음을 움직이는 말

나의 말이나 몸짓은 어떠해야 너의 가슴을 건드리는가? 너의 마음을 움직일 수 있는가? 여기서 '너'란 특정한 사람이 아니니 고쳐 물어, 어떤 말과 몸짓이 사람들의 가슴에 가닿는가? 마음을 움직이는가?

우리가 다 알듯, 무엇보다도 선물(하는 행위)이 그리한다. 그리스 영화감독이자 시나리오 작가인 란티모스Yorgos Lanthimos의 영화 〈킬링 디어〉(2017)는 선물의 의미를 이야기 한가운데 배치한다. 심장 전문의 스티븐이 술을 마시고 수술을 집도하다

16세 소년 마틴의 아빠를 죽인 것이 이야기의 발단이다. 마틴은 스티븐이 주는 시계를 선물로 받을 때 처음으로 마음을 연다. 그 후 마틴과 그의 엄마는 자신들이 잃은 아빠와 남편 역할을 스티븐에게 대신하기를 원한다. 그런데 스티븐은, 대저택에서 누리는 자신의 행복한 삶을 타협하면서까지 아무도 모르게 은폐한 자신의 과오를 보상할 마음이 전혀 없다. 자신의 마음을 그들에게 나누어주는 것은 자신의 현재 삶에 중대한 타격을 입히는 일이기 때문이다. 그러니 스티븐의 선물은 정작 선물이라기보다 하나의 물질적 보상에 지나지 않는다고 할 수 있겠다. 나머지 이야기는, 마틴이 요구하는 다음의 선물(자기증여)을 스티븐이 거부하면서 초래되는 사건들의 전개다.

선물[19]이란 무엇인가? 1) 선물은 '그저' 주는 것이다. 어떤 것에 대한 보상이나 대가代價가 아니다. 그리고 무엇으로든 돌려받을 의도가 내포된 것은 선물이 아니다. 그런데 선물을 받는 이는 그 사실과 무관하게 (다른 것으로 선물해야 할) 마음의

19　선물의 의미를 처음으로 심각하게 연구한 사람은 『자살론』으로 유명한 뒤르켐(Émile Durkheim)의 후계자 모스(Marcel Mauss)인데, 그의 영향으로 바타이유(조르주 바타이유, 『저주의 몫』, 조한경 옮김, 문학동네, 2000)와 데리다(Jacques Derrida, *Given Time: I. Counterfeit Money*, University of Chicago Press, 1994)가 선물을 철학담론의 주제로 회자시켰다.

빚을 진다. 그렇다고 곧바로 그 빚을 갚는 것은 선물의 의미를 훼손시킨다. 따라서 데리다Jacques Derrida는 선물(행위)이 주는 것은 물건이 아니라 (생산주의 시간에서 벗어난) '시간'이라며, 선물이 합리적 교환의 자본주의적 순환의 대안이라는 모스Marcel Mauss의 주장을 비판한다. 2) 선물은 실용(경제)성과 무관하다. 일상생활이나 재산을 불리는 데 쓰이는 것은 선물이라기보다 차라리 원조援助다. 3) 선물은 또한 (특히 주는 자의 편에서) 귀중한 것이어야 한다. 소중히 여기고 아끼는 것이 아니고선 선물이 될 수 없다. 그래서 선물은 경제적 희생이요, 낭비요, 파괴인 셈이다. 선물은 그로써 현재가 끊임없이 미래(의 생산)로 투여되는 생산주의의 선형적 시간, 공리성, 객체성으로부터 우리를 해방시켜 개별성과 주체성을 회복시킨다. 바타이유Georges Bataille가 이 논지로 꾀하는 것은 사람다움의 회복이다. 차가운 경제 합리성에 따르는 '비인간the inhumane'의 내면에 은거하는 낭비와 파괴를 통해 환희를 쫓는 '하부인간the subhuman'을 구원해냄으로써……. 꽃보다 현금을 선호하는 것은 선물의 의미를 망각한 '비인간'의 행위다.

우리의 말이나 몸짓은 어떻게 선물이 될 수 있는가? 어떻게 해야 선물처럼 무상의 즐거움이나 기쁨을 줄 수 있을까? 어떤 음악, 어떤 영화, 어떤 놀이, 어떤 글은 그리한다. 즐거움을 연구한 젠들러 교수에 따르면, 인간의 중요한 즐거움은 대부분 보편적이다. 그리고 시간의 자유가 주어질 경우 사람들은 대개 상상의 세계에서 즐거움을 구한다. 영화, 비디오게임, 소설, 드라마 등 남들이 지어낸 세계나 자기 자신의 몽상이나 환상에 빠진다.[20]

우리가 상상을 즐기는 것은 현실의 결핍 때문이다. 욕망을 생산하는 것은 금기(법)요 결핍이다. 소크라테스는 『향연』에서 이렇게 말했다. "욕망과 사랑이 대상으로 삼는 것은, 인간이 현재 소유하고 있지 않으면서 그가 결핍하고 있는 사물들이나 특질들이다." 우리가 간절히 바라지만 결핍하고 있는 무엇이 우리 앞에 나타날 때, 바타이유는 그것을 아름다움이라 부른다. 간절히 원하지만 가질 수 없는 것은 너무 아름다워서 슬프고, 슬픈 까닭에 더 아름답다. 스페인 영화감독 알모도바르Pedro Almodovar의 〈그녀에게〉(2002)의 주인공은 세 번 눈물을 흘리는데 세 장면 모두 그런 경우다.

---

20   폴 블룸, 같은 책, 219쪽. 블룸에 따르면, 미국인들이 가장 즐거워하는 것은 섹스이지만 여기에 하루 평균 4분밖에 쓰지 않는다.

아름다움은 프랑스의 거장 소설가 스탕달Stendhal; Marie Henri Beyle에게 '행복의 약속Une promesse de bonheur'이다. 그런데 그 '약속'은 현실에서 결코 지켜질 수 없는 것이어서 유혹이라 불러야 타당하다. 아름다운 대상은 행복을 미끼로 우리를 매혹한다. 우리는 그렇게 비현실적인 것에 마음이 끌리는데, 그렇다고 해서 그것이 온전히 비현실적인 것은 아니다. 약속(유혹)이라는 말이 가리키듯, 그리고 꿈이 현실로 구성된 비현실이듯, 그것은 비현실이나 현실이 아니라, '비현실적 현실' 혹은 '현실적 비현실'이다. 내가 너에게 끌리는 것은 너인데, 그때 너는, 실제로는 없는 무엇이 너에게 있다고 생각하는 너다. 우리를 유혹하고 매혹시키는 것은 우리에게 결핍된 환상이어서, 현실적으로 다가설수록 멀어지고 붙잡으려 할수록 사라진다.

프랑스 시나리오 작가이자 영화감독인 아사야스Olivier Assayas의 〈퍼스널 쇼퍼〉(2016)는 진정한 자아를 찾기 위해 환상을 가로지르는 어두운 과정을 보여준다. 주인공 모린의 환상 대상은 그녀가 패션물품 개인구매자로 일하는 유명한 여배우 키라인데, 모린은 그녀가 되는 것이 매혹적이면서도 두렵다. 이 영화의 의미는 모린이 환상을 그대로 두거나 피하기보다, 그로써 끝없이 불가능한 욕망에 붙잡혀 살기보다, 기어이 환상의 한가운데를 통과하는 것이다. 그녀는 영화가 끝날 시점에 모든 환상으로부터 해방된다. 자신이 다른 자신(죽은 쌍둥이 오빠 귀신과 정체불명의 문자송신자)과 나누는 대화를 통해서다. 두려움과 마주하는 용기와 치열한 성찰로써 가능한 일이다.

우리가 비현실적인 것에 끌리는 것은, 상상이든 환상이든, 거기서 얻는 느낌이 즐거울 뿐 아니라 느낌 그 자체가 '생생하게 현실적'이기 때문이다. 지루하게 반복되는 따분하고 힘겨운 현실은 그것을 부추긴다. 우리는 질척거리는 현실을 상상으로나마 잠시 벗어나 새로운 세상을 경험하고 싶다. 모든 인간적인 것, 곧 사랑과 아름다움과 지식과 성스러움이 나날이 마멸되고, 소비사회의 이미지와 정치 메시지가 사방에서 밀려오는 현실. 가족과 사회의 구성원 역할(책임)을 떠맡기 위해 모든 비인간적인 굴욕을 견뎌야 하는 현실. 사람들의 관계망에 단단히 걸려 개인의 소위 쾌락원칙이 현실원칙에 의해 철저히 거부되는 현실. 현실이 이러하니, 어찌 비현실적인 것에 끌리지 않겠는가?

게다가 현실의 행복은 어찌해도 부족하다. 인정과 사랑은 아무리 받아도 부족하고, 때가 되면 또 허기진다. 그리하여 우리 마음 깊은 곳은 늘 유혹을 기다린다.[21] 유혹당하고 싶다.[22] 이것과 저것이 분명한 차가운 계산의 현실에서, 동심을 자극하는 놀이, 모호하고 이율배반적인 신비, 친숙하면서도 낯선 기괴함uncanny은 우리를 건드린다. 습관적 지각으로 소멸되지 않는 낯선 무엇이 있거나, 낯익은 무엇이 누락되어 있는 것은, 우리를 건드리고 우리 마음을 붙잡는다.

우리는 행복을 약속하거나 유혹하는 것뿐 아니라 슬픔과 외로움과 상처에도 끌린다. 그것이 우리의 현실적인 삶의 양상들이기도 하지만, 그 감성과 경험이 우리 자신의 내면에 깊이 자리 잡고 있기 때문이다. 우리가 진실로 인간적으로 살아갈 수 있는 것은 어쩌면, 우리의 사회적 얼굴을 구성하는 밝은 이성과 감성이 아니라, 너와 나의 (개별적 역사의 표면인) 개인적 얼굴을 형성하는 외로움과 슬픔과 상처 때문인지 모른다. 우리는 겉으로 잘 드러나지 않는 내밀內密한 존재일 뿐 아니라, 내적으로도 알기 어려운 외밀外密한 존재인데, 그것은 우리 자신마저 닿을 수 없는 심연을 우리 몸 어딘가에 지니고 있기 때문이다.

21　'seduction(유혹)'의 라틴어 'seducere'는 '데리고 가다, 길을 잃게 하다'를 뜻한다.
22　'charm(매혹)'은 라틴어로 '노래(carmen)' 혹은 '마술을 부르는 주문(canmen)'을 뜻한다.

우리가 호러영화를 무서워하면서도 즐기는 것은, 결코 보고 싶지 않은 끔직한 현장을 끝내 보는 것은, 잔인한 공격성을 포함해 모든 반문명적이고 반사회적이고 비인간적인 부정적 충동이 무의식이라 부르는 내면에 (억압된 채) 깊이 잠복해 있기 때문이다. 그것을 보기에 따라 어떤 이는 영성, 어떤 이는 초월성, 또 어떤 이는 악마라 부른다.[23]

우리는 우리 내면의 그러한 낯설고 불편한 어두움을 그냥 두거나 피할 수도 있고, 〈퍼스널 쇼퍼〉의 주인공처럼 정면으로 마주할 수도 있다. 그것은 피한다고 그냥 사라지거나 가만히 있는 것이 아니다. 프로이트가 믿듯, 억압된 것은 결코 사라지지 않는다. 뒷문으로 들어온다. 때때로 꿈에서처럼 이성의 검열을 피해 (은유적이고 환유적인 변형을 통해) 다른 모습으로 출현한다. 그리할 때 그것은, 때때로 우리를 경악하게 한다.

예술을 포함해 소위 문화라 불리는 것은, 그러한 어두운 (개

---

23 정신분석이 실재(the real)라 부르는 것으로서, 크리스테바(Julia Kristeva)는 현실 세계를 구성하는 상징체계(symbolique)에 누락된 그 총체를 세미오틱(sémiotique)이라 부른다. 우리가 사회적 존재가 된다는 것은 세미오틱으로 살아간다는 것이다. 사회적 존재에 아직 이르지 못한 어린이들은, 역겨움과 부끄러움과 공격성을 알지 못한다.

인적) 내면을 밝은 (사회적) 공간에 끄집어내어 표현하는 작업이다. 표현할 수 없는 것을 표현하고, 말할 수 없는 것을 말하고, 의미를 부여받지 못한 것을 의미화하려는 몸짓이다. 그리고 그것에 대해 생각하고 이야기를 나누는 일이다. 영국의 BBC가 선정한 '21세기 가장 위대한 영화 100편' 중 1위를 차지한 〈멀홀랜드 드라이브〉(2001)의 감독 린치David Lynch의 영화들이 대부분 그렇다. 어두운 내면을 매체를 통해 표현하는 것을 승화sublimation라 부르는데, 친구(들)와 말이나 글로써 주고받는 행위도 거기에 속한다.

승화 과정을 거치지 않는 어두움은 자신에게나 사회적으로 병적이고 파괴적이다. 용서를 모르는 분노, 반성이 생략된 혐오, 부끄러움 없는 성범죄. 주로 뉴스를 통해 접하는 다종다양한 비도덕적 행위는 어두운 내면이 '무매개적으로' 출현한 결과다. 문화는 한마디로 매개다. 표현이고 대화다. 그런데 우리 사회에 만연한 더 선정적이고 더 강한 이미지들은, 도리어 문화라는 이름으로 생각하고 표현하는 능력을 떨어뜨리거나 무력화한다. 사람들을 수동적 소비자로 만들어 스스로도 모르게 충동적 인간으로 만든다. 관람객수 1400만 명을 넘긴 김용화 감독의 〈신과 함께〉는, 인간됨을 구성하는 7가지 도덕인 거짓,

나태, 불의, 배반, 살인, 폭력, 천륜 등을 마치 컴퓨터게임처럼 가볍게 즐기는 이야깃거리로 소비한다. 어떤 불편한 느낌이나 질문도 야기하지 않는다.

5

기개

    그런데 나는 왜 너의 시선을 끌고, 너의 마음을 붙잡고 싶은가? 이 물음에 대한 답변으로 대철학자 헤겔Georg Wilhelm Friedrich Hegel은 '인정 욕망'을 제시한다. 우리는 모두 무엇보다도 누군가에게서 인정받고 싶은 존재라는 것이다. 한 사람의 인간으로서 존중받을 뿐 아니라, 사회적으로 가치 있는 인간임을 인정받아야 비로소 인간적으로 살 수 있다는 것이다.

    사회적 존재인 인간은 동물과 달리, 다른 인간이 욕망하는 것을 욕망한다. 프랑스 정신분석학자 라캉Jacques Lacan은 '나의 욕망은 타자의 욕망'이라는 명제를 정신분석의 기본원리로 삼는다. 예컨대 어릴 때는 우리에게 가장 중요한 존재인 엄마가 욕망하는 것을 욕망함으로써, 그리고 좀 커서는 선생의 호불호(욕망)에 맞추어 행동함으로써 그들의 애정으로 살아간다. 우리는 그렇게 타자의 욕망을 통해 욕망하는 법을 배워 내면화한다. 그뿐 아니라 함께 살아가는 형제자매, 친구, 동료, 선후배 등이 욕망하는 것을 욕망함으로써, 그들에게서 한 사람의 인간으로 존중받고 인정받기 위해 경쟁한다. 누구도 욕망하지 않는 것은 나 또한 욕망하지 않는다. 헤겔은 바로 그러한 인정(인간의 존엄성과 사회적 지위) 욕망을 인간이 죽기 살기로 싸우는 역사의 출발점으로, 그리고 그것(자유)의 점증적 실현과정을 역사의 전개과정으로 해석한다. 『역사의 종언』 저자인 미국의 정치학자 후쿠야마Francis Fukuyama는 그것을 사회체제의 차원에서 자유 민주주의로 해석해냄으로써[24] 세계적 유명세를 얻었다.

인정 욕망은 오래전부터 서구 철학자들이 특히 정치철학의 전통에서 인간을 해명하는 데 써온 중요한 개념이다. 플라톤(『국가』)에 따르면 인간의 영혼은 이성logos, 욕구epithymia, 기개

---

24   Francis Fukuyama, *The End of History and the Last Man*, Free Press, 1992.

thymos라는 세 부분, 곧 식욕과 성욕처럼 단순한 쾌락을 갈구하는 욕구라는 검은 말, 용맹과 정의감과 같이 불의에 맞서 분개하는 기개라는 흰 말, 그리고 그 두 말의 고삐를 쥐고 있는, 따지는 능력을 지닌 이성이라는 마부로 구성되어 있다.[25] 여기서 흥미로운 점은, 인간이 '칼론kalon'이라는 '가장 아름답고 좋은 것'을 누릴 수 있기 위해 기개가 이성의 편에 서서 욕구를 통제해야 한다는 것이다.

욕구를 다스리는 이성은 왜 기개가 필요한가? 욕구는 근본적으로 쾌락과 고통에 따라 움직인다. 욕구는 즐거운 것은 무한정 취하려 하고 고통스러운 것은 무작정 피하려 한다. 이성이 그러한 행동을 다스릴 수 없는 것은 그것이 대개 합리적 신념이라기보다는 지각이나 정동적 반응에 따르기 때문이다. 앞에서 언급한 '동물적 신념alief'에서 나오기 때문이다. 기개가 요청되는 것은 욕구가 동물적 신념의 산물이어서 이성의 영향을 받지 않기 때문이다.

25   정치적으로는, 이성에 정초해 지혜를 추구하는 철학자가 통치자의 자리에, 욕구에 따라 돈을 벌고자 하는 사람들이 부를 만들어내는 상인의 자리에, 기개를 통해 명예를 얻고자 하는 사람들이 공동체를 지키는 군인의 자리에 할당된다. 헤겔이 인간의 역사를 추동하는 동력으로 삼은, 인간이 인간답게 살고자 하고, 다른 인간들에게서 존중과 존경을 받고자 하는 인정 욕망은 기개에 해당한다.

기개는 어떻게 작동하는가? 우선 기개는 욕구와 달리 쾌락과 고통에 따르지 않고, 이성과 달리 이로움과 해로움에 따르지 않는다. 그리하여 기개는 부끄러움과 맞물릴 경우 용기로써 고통에 맞서고 절제로써 쾌락을 다스린다. 검은 말이 맹목적 섹스의 쾌락으로 질주할 때 이성은 그것이 이롭지 않다고 판단해 자제하고자 한다. 이때 영혼 깊은 곳에 자리 잡고 있는 부끄러움이 흰 말을 채찍질해 이성의 편에 서도록 해 이성이 원하는 바를 이루게 한다. 기개는 특히 명예와 자부심이 강한 사람일수록 효과적이다. 부끄러움은 소크라테스가 보기에 인간의 가장 근원적 감정이다.[26] 부끄러운 짓을 피하고 명예롭게 행동하는 것을 높이 사는 사람은, 이롭지 않은 쾌락의 유혹을 이기고, 아무리 두렵고 고통스러워도 나쁜 것에 맞선다. 부끄러움(과 자존감)에서 나오는 기개야말로 인간을 참으로 인간적으로 만드는 영혼이다.

플라톤에게 기개가 중요한 것은, 기개는 욕구와 달리 조형적이기 때문이다. 기개는 부끄러움과 명예, 곧 인정 욕망과 맞

26　Jessica Moss, "Shame, Pleasure and the Divided Soul," *Oxford Studies in Ancient Philosophy*, vol. XXIX, 2005.

물려 있는 까닭에 사회적으로 적합한 방식으로 조형하고 공동체에 이로운 방향으로 조형하고 인도할 수 있다. 교육, 특히 감수성이 형성되는 십대의 교육은 그래서 지극히 중요하다. 부끄러움은 다른 사람이 나에 대해 생각하는 것에 대해 의식하는 데서 나오는 감정이다. 존경이 그렇듯, 사회적으로 내면화되는 규범적 감정이다. "우리가 성장하는 토대인 이야기들, 노래들 그리고 이미지들은 사회적 가치들을 내장하고, 되돌아 우리의 가치들을 형성해 우리가 존경하고 승인하는 것뿐 아니라 우리가 역겹고, 부끄럽고, 잘못되었다고 생각하는 것 또한 상당한 정도로 결정한다."[27]

어린애는 부끄러움(과 역겨움)을 모른다. 한 개인이 사회적 존재가 된다는 것은, 진정한 의미에서 (성숙한) 인간이 된다는 것은, 그러한 감정을 예민하고 깊이 느낄 뿐 아니라 온전히 다룰 수 있는 능력을 갖춘다는 것이다. 그런데 오늘날 우리 사회 상당수의 어른이 그렇지 못하다는 것(한국문학의 상징 고은의 추행은 곱씹어볼 사태다)은, 우리 사회가 부끄러움과 존경을, 한마디로 사람다움을 중히 여기지 않는다는 것을 방증한다. 거론하

---

27   같은 글, 32쪽.

기 민망하고 부끄럽고 역겨운 짓들이 하루도 빠짐없이 뉴스에 등장한다. 세속적 성공을 사회적 인정으로 간주한 채 부끄러움의 감정을 누구도 돌보지 않기 때문이다. 부끄러움의 문제를 오랫동안 홀대해온 결과다.

상호의 간판이든 대학의 간판이든, 모든 것은 오늘날 자신의 이해타산에 따르는 것을 겨냥한다. 자신의 이름을, 얼굴을, 작업을 꾸며 알리려는, 그러니까 인정받으려는 모든 몸부림은, 그로써 비로소 (더 나은) 인간이 되고자 하기 때문이 아니다. 오늘날의 인정 욕망은 더 나은, 더 고가의, 더 잘 팔리는 상품이 됨으로써 부든 유명세든 세속적 향락을 취하고 싶기 때문이다. 그러니 그러한 인정 욕망은 진정한 의미의 인정 욕망이 아닌 셈이다. "죽는 날까지 하늘을 우러러/ 한 줌 부끄러움이 없기를,/ 잎새에 이는 바람에도" 괴로워한 윤동주 시인이 아무리 열풍이어도, 부끄러움에 대한 관심은 뒷전이다. 부끄러움을 폐기한 사회가 갈 곳은 더 한층 '동물 되기'밖에 없다.

그렇다고 요즘 유행하는 '아무나'는 그렇지 않은가? 어릴 때부터 가혹한 경쟁에 내몰린 젊은이들이, 세속적 성공을 재촉하는 기성인들 등살에 지쳐 자발적으로 택하는 '아무나'로 살기는 그렇지 않은가? 비트코인에 열광하는 모습을 보면 '아무나'의 삶이 진실로 쫓고 싶은 삶이어서 눈과 마음을 주는 것은 아니다. 이효리가 낯선 꼬마에게 했다는 "그냥 아무나 돼"는, 니체가 언급한 '마지막 인간'을 떠올리게 한다. 기개는 소멸하고 오직 욕구를 위해 이성을 쓰는, 동물적 안락과 쾌락에 안주하는 개별화된 인간 말이다. 〈돈 많은 백수가 되고 싶다〉는 제목으로 열린 전시는, "입구부터 사람을 놀라게 했다. 세상에. 대기 시간이 50분이란다. 놀이공원도 아닌데. 그런데 앞줄에서 사람 한 명 빠지지 않는다. 전시를 보고 싶은 열망이 가득한 눈초리로, 특히 10~30대 청년층 관람객이 대부분"[28]으로, 여기저기 '비스듬한' 욕들이 난무하고 로또 당첨 얘기로 말미를 장식하는 모양이다. 전 시기에 걸친 모든 삶의 활동을 오직 (진정한) 인간이 되는 것을 목표로 삼은 우리의 정신문화 유산이, 지금 여기 완전히 초토화된 현장이다.

20세기의 위대한 작가 무질Robert Musil은 미완성 유작으로 남긴 자신의 『특성 없는 남자』[29]에서, 당대, 그러니까 20세기

---

28 「"꿈 없고요… 그냥 돈 많은 백수 되면 안 돼요?"」, CNB 저널, 2018. 1. 5.
29 로베르트 무질, 『특성 없는 남자 1, 2』, 안병률 옮김, 북인더갭, 2013.

전반에 출현한 인간을 '특성'이라는 핵심어로 그려낸다. "인간이 특성들을 통해 규정되고 (…) 특성들로 이루어져 있다는 사실은 확실"[30]하기 때문이다. 주인공 울리히는 "아무것도 하지 않는" 사람, 곧 특성 없는 인간이다. 그에 반해 특성 있는 인간이란 "무언가를 하는 사람"으로서 "조용히 하루 종일 자기 일을 하는 시민"이다. 이들의 작은 일상들이 모여 "영웅적인 행위보다 더 큰 힘을 세계 안으로 방출하게 된다." 그리고 "이 고루한 시민이야말로 무시무시할 정도로 새롭고 집단적인 개미떼 영웅주의"로서, 항차 "합리적인 영웅주의"라 불리며 "칭송이 자자할 것이다."[31] 그저 자신의 일에 열중하는 합리적 사람들이 세계의 중심이 된다는 것이다.

흥미로운 점은 특성 없는 인간들은 자신이 "어디로 향하는지 정확히 알지 못"하고, "위고 아래인지, 무엇이 앞으로 혹은 뒤로 가는 것인지 제대로 구별하지 못"[32]한다는 것이다. 그들은 세상에 개입하기보다 다만 세상이 요구하는 바에 따라 자신의 직업을 사랑하며 살아간다. 그렇게 사는 능력 곧 특성의 소유

---

30 무질, 『특성 없는 남자 1』, 265쪽.
31 같은 책, 18쪽.
32 같은 책, 19쪽.

는 "현실에서 어떤 확실한 기쁨을 보장해주"[33]기 때문이다. 그들은 그 대가로 내면(꿈, 믿음, 사랑, 신)을 잃는다.

"(…) 울리히가 근무했던 첫 번째 회사의 사무실에서 알게 된 대부분의 사람들이 그랬으며, 두 번째의 사무실도 마찬가지였다. 제도판 위에 딱 붙어서, 그들은 자신이 직업을 사랑하고, 그 안에서 놀라운 덕목들을 소유하게 됐다는 식의 태도를 보여주었다. 하지만 기계가 아닌, 자신들의 생각이 지닌 대담함을 발휘해야 할 때면, 그들은 마치 망치로 사람을 죽여보라는 부당한 요구를 받은 것처럼 행동하곤 했다. (…) 사람들은 현실을 얻는 대신 꿈을 잃어버린다. (…) 하늘을 보지 않으며, 오로지 일을 만들어내기만 한다. 유능해지기 위해서는 굶주리거나 꿈을 꾸어선 안 되고, 스테이크를 먹고 움직여야만 한다. (…) 무미건조한 내면, 세부적인 꼼꼼함과 전체적인 무차별성 사이의 무시무시한 혼합, 황량한 개별들 속에서 인간이 겪는 고독, 불안, 악, 비할 데 없는 냉담함, 배금주의, 차가움과 폭력적인 행위 같은 우리 시대의 모든 특징들은 바로 논리적이고 엄격한 사유를 향한 욕망에서 비롯된 것이다."[34]

33   같은 책, 28쪽.

'특성 있는 사람'은 자신의 안위만 챙기는 계산적 인간이어서 기개가 없다. 울리히의 친구 발터는 그러한 사람을 거꾸로 '특성 없는 사람'이라 부른다. 그에 따르면 '아무것도 아닌' "그런 사람은 수백만"에 이르는데, "축구선수나 경주마가 천재가 되는"[35] "바로 이 시대가 만들어낸 인간 유형"이다. 그들이 원하는 건 "단지 단순함, 땅, 건강뿐"[36]이다. '특성 없는 사람'들이 대세를 이루는 이 시대는 "사람 없는 특성들의 세계"다. "인간이 없고 오로지 직업만 남"[37]은 세상이다. 그리하여 그들은 극장으로 달려가고, 책을 읽고, 탐사여행을 떠나고, 이데올로기나 종교에 열중하지만, 그러한 일은 모두 "허공에 뜬 채" 어떤 체험도 실현하지 못한다. 분노마저 주체가 없다. "오늘날 누가 과연 자신의 분노가 자신의 분노라고 말할 수 있을까?"[38]

"사람들이 혼자 마주치기 싫어하는 그 하나의 단어는, 바로 정신"[39]이다. 혹은 영혼이다.

34　같은 책, 65-68쪽.
35　같은 책, 82쪽.
36　같은 책, 114-119쪽.
37　무질, 『특성 없는 남자 2』, 265쪽.
38　무질, 『특성 없는 남자 1』, 267쪽.
39　같은 책, 273쪽.

6

부끄러움, 그리고 사랑과 욕정

사회적 존재인 인간은 인정을 욕망하는 존재다. 그런데 모든 인정 욕망은 내가 무엇보다도 인간, 곧 인격적 존재라는 사실을 타자(들)로부터 인정받는 것에서 출발한다. 헤겔에 따르면, 심지어 나의 의식마저 다른 의식을 통해서만 발생할 수 있다. 내가 인간으로 실존하기 위해서는 나를 인간으로 인정하는 타자(들)가 필수적이라는 것이다. 자본의 도구로 축소된, 심지어 도구로서도 쓰이지 않는, 그리하여 '잉여'존재라 불리는 뭇 을乙들을 위해, 영국의 거장 영화감독 로치Ken Loach는 〈나, 다니엘 블레이크〉(2016)에서 이렇게 부르짖는다. "내 이름은 다니엘 블레이크입니다. 나는 개가 아니라 인간입니다. 나는 나의 권리를 요구합니다. 인간적 존중을 요구합니다."

요즘 우리 사회를 대표하는 감정은 분노다.[40] 대한정신건강학회의 조사 결과에 따르면, 한국인의 절반이 분노조절 장애를 겪고 있는데, 그중의 20퍼센트는 심각한 수준이어서 치료가 필요하다. 분노와 우울은 짝을 이룬다. 우울은 분노가 자신을 향할 때 형성되는 감정이기 때문이다. 그러니 한국인의 우울증이 세계 최고수준을 나타내는 것, 그리고 그것의 가장 큰 원인이 개인이 아니라 사회에 있다는 것[41]은 그리 이상할 바 아니다. 전문가들이 "우울하고 무서운 한국의 현상"을 해결하기 위해 제시하는 방안은 두 가지다. 분노조절 장애를 치료할 시스템을 구축하는 것과 사회적 불평등과 차별을 없애는 것.[42] 우리는 어쩌다 이렇게, 인간을 인간으로 인정하지 않는 비인간

---

40 "대한정신건강학회의 조사 결과 한국인 50퍼센트가 분노조절 장애를 겪고 있으며, 10퍼센트는 심각한 수준으로 치료가 필요한 것으로 드러났다. 특히 20~30대 젊은 층의 비율이 높았다. 분노를 조절하지 못하는 인격 장애·행동 장애로 진단된 환자의 연령대는 2014년 기준 20대가 전체의 28퍼센트로 가장 많고, 30대 18퍼센트, 10대 17퍼센트 등의 순이었다." 「'우울한' 한국·'무서운' 한국… 정신 건강 '빨간불'」, 뉴스토마토, 2016. 4. 1.

41 같은 글.

42 같은 글.

적인 사회에 살게 된 것일까. 무질이 80여 년 전에 진단한 것처럼, 우리의 내면은 무미건조하고, 우리의 사회는 "사람 없는 특성들의 세계" 곧 인간은 없고 오직 직업들로 구성되어 있기 때문이 아닐까.

타자(들)를 인간으로 인정하지 않는 문제의 저변에는 수치(부끄러움)의 감정이 놓여 있다. 수치는 "존재가 자연의 단계를 넘어 인간의 층위로 진입할 때 생겨나는 것"[43]이기 때문이다. 여기서 인간의 층위로 진입한다는 것은, 사르트르가 헤겔에게서 배워 말했듯,[44] 타자를 나의 존재의 기반으로 삼는다는 뜻이다. 사르트르에 따르면, 나는 타자를 심지어 보지 않더라도 수치를 토대로 삼아 그/녀를 인식한다. 그러니 독재자처럼 "오로지 자신밖에 모르며 자신의 이해관계에만 충실"한 자, 곧 "자기 바깥의 사유를 하지 않는 모든 존재"는 수치심을 모른다.[45]

수치를 모르는 자는 사랑을 모른다. 헤겔에 따르면, 수치는

43　오민석,「수치에 대하여」, 중앙일보, 2017. 6. 24.

44　Jean-Paul Sartre, *Being and Nothingness*, trans. by Hazel E. Barnes, Washington Square Press, 1993. "헤겔의 탁월한 직관은, 나로 하여금 나의 존재를 타자에 의존하도록 만들게 하는 것이다."

45　오민석, 같은 글.

"개별성에 대한 사랑의 분노"[46]이기 때문이다. 닫힌 존재에 대해 분노하지 않는 자는 수치를 모른다. 달리 말해 인정을, 그리고 사랑을 구하는 자만 수치를 안다.[47] 그리고 사랑을 모르는 자는 아름다움을 모른다. 플라톤이 『향연』에서 사랑의 계단이라는 은유로 말했듯, 사랑은 아름다움에서 비롯하기 때문이다.[48] 숭고의 철학자 버크Edmund Burke는 아름다움을 "사회적 특성"이라 부른다.[49] 아름다움에 대한 사랑이야말로 사회가 형성되는 데 결정적이기 때문이다. 그에 따르면 두 종류의 사회, 곧 '성의 사회society of the sexes'와 '일반 사회general society'가 있는데, 전자가 개인의 아름다움이 욕정과 혼합된 열정에 의해 형성된다면, 후자는 욕정이 개입되지 않은 대상의 아름다움에 대한 열정으로 구성된다. 사회가 형성되고 유지되는 것은 우리가 사랑이라 부르는 것에 의해서다.

---

46   Georg Wilhelm Friedrich Hegel, *Early Theological Writings*, trans. by T. M. Knox and R. Kroner, 3rd edition, University of Pennsylvania Press, 1975, p. 306.

47   사르트르와 라캉에게 인정 욕구는 수치심을 입을 가능성과 연결된다.

48   이종건, 『깊은 이미지』, 궁리, 2017, 49쪽.

49   Edmund Burke, *A Philosophical Enquiry into the Origin Of Our Ideas of the Sublime and Beautiful*, second edition, 1759, Part 1, Section X. 버크에 관한 글은 모두 같은 곳에서 인용.

그렇다면, 사랑이란 무엇인가? 사랑은 존재하는 모든 것이다. 시작詩作에 전념하며 평생 홀로 산 미국의 시인 디킨슨Emily Dickinson은 이렇게 썼다.

> 사랑은 존재하는 모든 것,
> 우리가 사랑에 대해 아는 것은 그것뿐;
> 충분해, 그것이
> 우리가 알 수 있는 정도이니.

따라서 우리가 즉시 도달하는 결론은 이것이다. 인간적인 사회를 만드는 데 핵심적인 것은, 존재하는 모든 것을 사랑하는 법을 배우는 일이다. 이것은 아름다움의 문제이기도 하다.

아름다움이라니. 아름다움은 지금 우리 사회 도처에 있지 않은가? 모든 것이 아름답지 않은가? 역사적으로 이렇게 손쉽게 아름다움을 만들어낼 수 있는, 그리하여 스마트폰과 자동차와 핸드백을 포함한 모든 상품과 모든 건물을, 그리고 그것을 팔기 위해 유혹하는 모든 광고물을, 심지어 얼굴들과 몸들과 그것들의 이미지들까지 아름다움이 감싸고 있는 세상에, 아름다움이 문제라니.

아름다움이 문제가 되는 것은 정확히 바로 그래서다. 일상 세계가 (상품화로) 온통 아름다워진 까닭에, 아름다움은 더 이상 우리의 심금을 울리거나 생각을 자극하지 않는다. 오늘날 아름다움은 오직 눈길을 끌어 팔거나 사고 싶게 만드는 데 쓰일 뿐이다. 거기서 더 나가더라도, 기껏해야 잠시 기분 좋게 해주는 데 그친다. 도심의 건물들처럼 허영심을 가끔 만족시켜주기도 하는데, 이 또한 대개 잠깐의 감각적 즐거움을 주거나 감각적 불편을 없애는 데 이용된다. 아름다움이 세속적인 이해타산으로부터, 눈앞의 이욕과 정욕으로부터 벗어나게 하는 경우는 없다. 아름다움은 팔기 위한 사물과 인간의 겉꾸밈에 그쳐, 우리의 내면을 풍요롭게 만들기는커녕 도리어 삭막하게 만든다. 사랑을 찾기 어려운 것은 그 때문일지 모른다.

우리는 지금 사랑하고 있는가? 언제나 오래 참는 사랑을, 온유한 사랑을, 시기하지 않고 자랑하지 않고 교만하지 않는 사랑을, 무례히 행하지 않는 사랑을, 자기의 유익을 구하지 않는 사랑을, 성내지 않는 사랑을, 진리와 함께 기뻐하는 사랑을, 모든 것을 감싸주고 바라고 믿고 참아내는 사랑을 하고 있는가? 개인들 간의 사랑을 아름다움과 욕정이 혼합된 정념으로 해석한 버크의 관점에서 묻자면, 욕정이 들끓는 시대에 아름다움은 얼마나 가능한가. 그 전에, 사랑과 욕정은 어떻게 구별하는가?

　사랑과 욕정은, 라캉의 정신분석의 견지에서, 성性-특정적 도착을 결정하는 환상에 따라 이렇게 구별할 수 있다. 남자와 여자는 예컨대 남근phallus이라는 완벽하게 텅 빈 상징(환상)과 관계하는 성적 위치가 다른데, 그것을 하나의 동사로 표현하면 이렇다. 남자는 '소유하는 것to have'인 반면, 여자는 '존재하는 것to be'이다.[50] 타자의 욕망에 대한 응답으로, 남자는 헤밍웨이의 질문 "소유할 것인가 소유하지 않을 것인가"에, 여자는 셰익스피어의 질문 "존재할 것인가 말 것인가"에 마주친다. 도착이란 곧 남자는 '현실적으로' 집요하게 소유하려는 강박증에, 여자는 대상이 되려는 히스테리에 사로잡히는 것이다. 그로써 남자는 남근 경쟁에 진입하고, 여자는 상상적 남근의 대상이 된다. 남자는 자신의 파트너를 충분히 만족시킬 수 없을 불안을, 여자는 욕망의 대상이 되지 않을 불안을 갖는다. 남자는 남근의 성능을 확인하는 것을, 여자는 욕망의 대상이 되는 것을 목표로 삼는다는 것이다. 이것은 남자와 여자가 시간을 보내기

50　Paul Verhaeghe, "Neurosis and Perversion: Il n'y a pas de rapport sexuel," In *Journal of the Centre for Freudian Analysis and Research*, 6, Winter 1995, pp. 39-63.

위해 공항 서점에서 흔히 집어보는 책에서 분명히 나타난다. 남자는 포르노 잡지를, 여자는 낭만적인 통속소설을 본다. 남자가 창녀를 필요로 하는 것, 그리고 여자가 무관계보다 나쁜 관계를 택하는 것은 바로 그러한 이유에서다. 그 대가로 남자는 돈을, 여자는 자기 자신을 지불한다. 따라서 우리는 잠정적으로 이렇게 말할 수 있겠다. 여자는 사랑을 위해 섹스하고, 남자는 섹스하기 위해 사랑한다.

그런데 사랑과 섹스는 서로 얽혀 있어서 그 둘의 욕망을 구분하기 어렵다.[51] 거의 불가능한 정도다. 한국인이 가장 사랑하는 프랑스 작가 보통Alain De Botton의 말처럼, 섹스는 "마땅히 그래야 하듯 사랑 위에 깔끔히 앉기를 거절한다."[52] 그뿐 아니라, 보통에 따르면, 우리는 우리의 욕망을 정직하게 해결할 수 있는 문화적 수준에 와 있지 않다. 그래서 섹스에 개입하는 양측 모두 자신의 욕망에 대해 거짓말을[53] 할 수밖에 없다. 이것을 해결하기 위해 보통이 제안하는 더 나은 방도는 두 가지다. 첫

---

51 Alain de Botton, *How to Think More About Sex* (Kindle version), Picador, 2012, p. 76.

52 같은 책, 6쪽.

53 보통이 남녀 모두에 부합하는 사례로 제시하는 거짓말은 이것이다. "나는 당신과 섹스만 하고 관계를 끝내고 싶다."

째, 사랑과 섹스의 욕구는 둘 중 어떤 쪽도 도덕적 이점이 없다는 것을 인식하는 것이다. 섹스보다 사랑을 더 원하는 것이나 그 반대도 도덕적으로 다를 바 없다는 것이다. 둘째, 사회적 차원에서 비난이나 도덕적 정죄의 두려움 없이 그 두 욕구를 자유롭게 주장할 수 있는 방도를 찾는 것이다. 결론적으로 "섹스의 욕구와 사랑의 욕구에 도덕적 광택을 부가하지 않고 동일한 입지를 부여할 때"[54]라는 것이다. 뉴욕 지성계의 여왕으로 불렸던 손택Susan Sontag은 1978년《롤링스톤》인터뷰에서 이렇게 말했다.

"우리는 사랑에게 모든 것을 요구한다. 우리는 사랑이 무법 상태이기를 요구한다. 우리는 그것이 접착제가 되어 가족을 함께 묶고, 사회가 질서 있도록 해주기를 요구한다. (…) 내 생각에 사랑과 섹스의 연관성은 매우 신비하다. 현대의 사랑 이데올로기는 부분적으로, 사랑과 섹스가 항상 함께 간다고 가정한다. 그럴 수 있겠지만, (그리하면) 도리어 둘 중 하나가 손상을 입는다고 생각한다. 그리고 아마도 인간에 대한 가장 위대한 문제는, 그 둘이 그냥 그렇게 가지 않는다는 것이다."

54 같은 책, 79쪽.

보통에 따르면, 두 사람의 "헌신적 관계"야말로 "우리 자신을 성적으로 표현하는 이상적인 맥락"이라는, "상식적 개념의 사랑"의 전형적인 주장은 통탄할 정도로 잘못된 견해다. 프로이트는 이렇게 말했으니 말이다. "사랑하는 곳에는 욕망이 없고, 욕망하는 곳에는 사랑이 불가능하다."[55]

문제는 폭력이다. 섹스는 "근본적으로 민주적이거나 친절하지 않고, 잔인성, 위반, 그리고 예속과 치욕을 위한 욕망"과 묶여 있기 때문이다.[56] 특히 남자의 '소유'의 환상은 현실로 착각할 때, 그리고 상대가 소유물이 되기를 거부할 때, 우리 사회에 만연한 '데이트 폭력'으로 돌변한다. 한국의 "성인 남성 10명 중 8명은 적어도 1번 이상 데이트폭력을 한 적이 있다는 연구결과"[57]도 놀랍지만, 얼마 전 "서울시가 지방자치단체 최초로 서울거주 여성 2천 명을 대상으로 데이트폭력 피해 실태조사를 실시한 결과, 10명 중 9명이 데이트폭력을 경험한 것으로 나타났다"[58]는 사실은 믿기 어려운 수준이다. 정말 믿고 싶지 않은

55　같은 책, 92쪽.
56　같은 책, 6쪽.
57　「'그거 사랑 아니야'… 성인 남성 10명 중 8명 "데이트폭력 가해자"」, 세계일보, 2017. 7. 21.
58　「서울여성 10명 중 9명 데이트폭력 피해… 지자체 첫 실태조사」, 뉴시스, 2018.

결과다. 데이트폭력에는 행동 통제, 심리적·정서적·신체적 폭력, 성추행 등이 포함되고, 심지어 대상의 옷차림을 제한하기도 한다. 그리고 그것은 대개 사랑이라는 이름으로 행한다.

손택은 《롤링스톤》 인터뷰에서 이렇게 말했다. 성인의 행동은 "독립적이어야 하고 무서워해서 안 되는" 행동이다. '한국여성의전화' 손문숙 활동가에 따르면, "데이트폭력의 절반 이상이 연애 초반 일상적으로 상대를 옭아매는 행동을 '사랑'이라고 받아들이는 데서부터 시작한다." 그리고 그 관계가 지속되면서 "점차 욕을 하거나 때리고 심지어 강간이나 살인에까지 이르는 경우도 있다."[59] 그러니 성인답게 어떤 식으로든 폭력이 고개를 내밀 때 단호한 용기로 거부해야 할 일이다. 얼마 전 다시 점화된 "미투#Me Too" 운동이 우리 사회의 폭력성을 없애는 데 얼마나 기여할 수 있을지 관심 있게 지켜볼 일이다.

사랑이 대상을 나의 중심으로 삼는 이타적 행위라면, 욕정은 나 자신을 중심으로 상대를 주변화하는 이기적 행위다. 사

1. 30.
59 세계일보, 같은 글.

랑이 대상을 무엇을 위한 수단이 아니라 그 자체를 목적으로 삼는다면, 욕정은 대상을 쾌락을 위한 수단으로 삼는다. 세계 지성계의 앨비스 프레슬리, 지젝Slavoj Žižek의 표현으로 남자의 섹스는 대개 여자의 몸을 도구로 삼는 자위행위다. 사랑이 대상을 관심과 염려의 평등한 '수평성'으로 자유롭게 만든다면, 욕정은 대상을 위계화시켜 자신에게 예속시킨다. 사랑은 비폭력적이다. 어린애가 성인으로 성장하는 과정에 온전히 통과해야 하는, 그런데도 여전히 우리 내면에 도사리고 있는 (미성숙의 표징인) 폭력성은, 사랑의 적이다. 사랑의 이상적인 모형은 우정이다.

7

진정한 친구

    우정, 곧 친구 간의 사랑은 어떤 것인가? 친구friend라는 말의 고대영어 "freond"는 '개인적인 염려와 호감으로 다른 사람에게 부착되는 사람'이라는 뜻으로, 여기서 "freo"는 자유롭다는 것을 의미한다. 그래서 고대영어 "freogan"은 "자유롭게 하다"를 뜻하기도 하고 "사랑하다, 사랑스럽게 생각하다"를 뜻하기도 한다. 그러니 친구란, 한마디로 자유로운 존재 간의 사랑이라고 풀이할 수 있겠다. 사랑을 나타내는 그리스 말은 아가페agápē, 에로스érōs, 필리아philía, 그리고 스토르게storgē 등 네 개다.[60] 아가페는 인간과 신의 사랑을, 에로스는 대개 섹스의 열

정과 연관된 사랑을, 필리아는 일반적으로 동등한 사람 사이의
애정적 관심인 우정을, 그리고 스토르게는 특히 부모와 자식
간의 사랑이나 애정을 뜻한다. '지혜를 사랑하다'는 의미를 띠
는 철학philo-sophia이나 인류애phil-anthrophia의 낱말에 붙는 접두
사 '필리아'는 보편적 사랑이다.

아리스토텔레스는 『니코마코스 윤리학』에서 우정을 세 가
지로 나눈다. 즐거움을 위한 친구, 이득을 위한 친구, 덕을 위한
친구인데, 앞의 둘은 각각 놀이 친구와 일 친구다. 그가 진정
한 친구로 꼽는 마지막은 자신의 거울이 되는 친구다. 사마천
은 『사기史記』에서 네 종류의 친구를 언급한다. 적우賊友, 일우昵
友, 밀우密友, 외우畏友인데, 정신분석에서 제시하는 발달 단계와
순서가 같다. 도적 같은 친구인 적우는 자신의 이익을 위해 필
요한 친구, 일우는 함께 즐기며 놀기 위한 친구, 밀우는 내면을
터놓고 나누는 친구, 외우는 존경에 기초해 덕을 함께 닦는 친
구다. 영문학 교수이자 저술가인 다이크Henry Van Dyke가 "친구
란 마음이 항상 필요로 하는 것", 그리고 극작가이지 소설가이
자 시인인 와일드Oscar Wilde가 "진정한 친구는 당신을 정면에

60   https://en.wikipedia.org/wiki/Greek_words_for_love

서 찌른다"라고 할 때, 그들이 제시하는 친구는 각각 밀우와 외우에 해당한다.

니체의 우정관[61]은 와일드에 가깝지만, 적우의 성분도 가지고 있다는 점에서 특이하고 흥미롭다. 그가 생각하는 진정한 친구의 의미를 이해하기 위해 우선 삶을 바라보는 그의 시각을 간단하게 이해할 필요가 있다. 니체는 사회를 독성이 있고 해로운 것으로, 그에 반해 고독을 가공되지 않고 강한 것으로 본다. 기생적인 무리들로 이루어진 사회는, 공통의 사고방식을 발전시켜 공유하는 가치로써 개인의 창조성을 억제한다.

"많은 사람들 가운데 있을 때 나는 많은 사람들이 하는 대로 살고, 내가 진정하게 생각하는 대로 생각하지 않는다. 잠시 후 그들은 항상, 나를 나 자신으로부터 추방하고 나에게서 나의 영혼을 강탈하기를 원하는 것 같다. 나는 모든 사람들과 분개하게 되고 모든 사람들을 두려워하게 된다. 그리고 나는

61　니체의 우정관에 대한 이해와 서술은 다음 논문에 기댔다. Ryan C. Kinsella, "Nietzsche's Conception of Friendship," Master of Philosophy dissertation, University of Notre Dame Australia, July 2007.

다시 좋은 성장을 위해 사막이 필요하다."[62]

진정하게 생각하고 진정하게 살기 위해서는 무리가 형성하는 삶의 방식과 생각하는 방식을 벗어나야 한다. 그런데 이것은 기개가 있고 '홀로 있음'을 견딜 수 있는 강한 자만 선택할 수 있는 일이다. '홀로 있음'이 지루하고 고통스러운 자에게 그것은 도리어 독이다. 친구도 예외가 아니다. 친구도 거리가 필요하다. 그래야 친구의 가치를 더 깊이 알 수 있기 때문이다.

A: "그런데 왜 고독을?" B: "나는 어떤 사람과도 사이가 나쁘지 않다. 그런데 나는 함께 있을 때보다 홀로 있을 때 나의 친구들을 더 분명하고 더 정당하게 보는 것 같다. 음악을 가장 사랑하고 감상할 때, 나는 거기서 멀리 떨어져 산다. 사물에 대해 잘 생각하려면 먼 관점이 필요한 것 같다."[63]

우정은 '홀로 있음'이 야기하는 부정적 감정을 피하고자 하는 데서 연유한다. 니체가 보기에, 홀로 사는 일은 인류사에서

62　Friedrich Nietzsche, *Daybreak: Thoughts on the Prejudices of Morality*, ed. by M. Clark and B. Leiter, trans. by R. J. Hollingdale, Cambridge University Press, 1997, p. 494.

63　같은 책, 199-200쪽.

가장 무서웠던 일이다.

> "가장 긴 인간의 실존 기간 중, 홀로 있음을 느끼는 것보다 더 무서운 것은 없었다. 홀로 있음은, 홀로 사물들을 경험하는 것은, 순종하지도 지배하지 않는 것은, 개인으로 나타나는 것은, 그 당시 기쁨도 벌도 아니었다."[64]

문제는 그렇다고 해서 어떤 형태의 '함께 있음'도 좋은 것은 아니라는 것이다. '함께 있음'에 휩쓸려 자기 자신을 제대로 보존할 수 없기 때문이다. 게다가, 그로써 정체성과 창조성과 위대한 존재를 향한 열정을 쉽게 잃는다. 그러니 '홀로 있음'과 '함께 있음'을 함께 만족시키는 친구가 의미 있는 친구인 셈이다. 니체는 '홀로 있음'과 '함께 있음'의 긴장으로 자신의 삶을 고양시킬 수 있는 친구를 진정한 친구로 본다. 친구는 홀로 있는 존재로서 모름지기 우선 이기적이어야 하고(적우), 그러고서야 함께 더 나은 존재가 될 수 있는 존재(외우)이어야 한다. 친구는 위버멘쉬Übermensch[65]가 되는 데 필요한 방편이기 때문

64　Nietzsche, *The Gay Science*, ed. by B. Williams, trans. by J. N. Nauckhoff, Cambridge University Press, 2001, p. 115.

65　위버멘쉬란, 항상 자신을 극복하고 자신과 세계를 긍정하는 존재로서, 지상에 의

이다. 동물과 위버멘쉬를 잇는 끈인 인간은 위버멘쉬가 되기 위해, 우정이 낳는 갈등의 가치를 인식하고 친구와 기꺼이 힘겨루기를 벌인다. 친구란, 서로의 결점을 찾아 도발함으로써 피차 상대를 향상시키는 존재다. 적이 될 수 없는 사람은 친구가 될 수 없다.

"친구를 원한다면, 그를 위해 전쟁도 벌이고 싶어야 한다. 그리고 전쟁을 벌이기 위해서는 적이 될 수 있어야 한다. 심지어 자신의 친구에게서마저 적을 존중해야 한다. 친구를 밟고 올라서지 않고서도 친구에게 올라갈 수 있는가? 우리는 친구로 최상의 적을 가져야 한다. 당신은 친구에게 저항할 때 마음으로 가장 가까이 있어야 한다. (…) 친구에 대한 연민은 그것을 깨물면 이빨을 잃도록 딱딱한 껍질 밑에 숨겨라. 그리해야 섬세함과 달콤함을 가질 것이다. (…) 당신은 노예인가? 그렇다면 친구가 될 수 없다. 폭군인가? 그렇다면 친구를 가질 수 없다. (…) 두 사람이 각자에 대해 갖는 (그) 탐욕이 새로운 욕망과 욕심, 곧 그들 위에 있는 하나의 이상을 향해 함께 더 높이 갈망하는 데 길을 내어주는 일종의 사랑이 지구 여기

미를 부여하고 완성하는 주인 존재를 뜻한다.

저기 아마 끊임없이 이어질 것이다. 그런데 그러한 사랑을 누가 아는가? 그것을 누가 경험했는가? 그것의 진정한 이름은 우정이다."[66]

니체가 바그너와 루 살로메를 포함해 몇 친구들과 우정을 나눈 것을 보면, 그가 제시하는 친구 개념에 일우와 밀우도 포함시키는 것이 현실적으로 온당하다. 즐거움 그리고 내면의 감정과 생각까지 그들과 함께 나누었으니 말이다. 그런데 일상의 눈으로 보면, 그는 죽을 때까지 대부분의 여생을 고독한 싱글의 삶을 살았으니 그의 진정한 친구는 고독이거나 진리라 할 수 있겠다. 혹은 자신의 또 다른 자아를 진정한 친구로 삼았다고 할 수 있겠다. 공자는 이렇게 말했다. "침묵이야말로 결코 배신하지 않는 진정한 친구다." 그리고 뉴턴은 이렇게 말했다. "플라톤은 나의 친구다. 아리스토텔레스는 나의 친구다. 그런데 나의 가장 위대한 친구는 진리다." 플라톤의 친구 또한 진리다. 아리스토텔레스는 이렇게 말했다. "모든 사람의 친구는 누구의 친구도 아니다."

---

66   Nietzsche, *Thus Spoke Zarathustra*, ed. by A. D. Caro and R. B. Pippin, trans. by A. D. Caro, Cambridge University Press, 2006, pp. 40-41.

니체가 제시하는 친구의 모형은 현실적으로 찾기 어렵다. 불가능하지는 않지만, 설령 찾더라도 대인배가 아니고서는 그 모형으로 우정을 만들고 이어가기 어렵다. 비판보다는 칭찬을, 이견異見보다는 동의를 좋아하는, 니체만큼 정신이 강하지 않은 대부분의 사람들은, 자신의 적이 아니라 편이 되는 사람을 원한다. "친구란 당신과 같은 적을 가지고 있는 사람"이라고 한 링컨의 말처럼, 칼로 정면에서 찌르는 사람이 아니라 공감해줄 사람을 필요로 한다. 17세기가 낳은 최고의 작가이자 철학자로 불리는, 수인이 된 박근혜 전前대통령을 포함해 한국인이 사랑하는 그라시안Baltasar Gracian[67]의 말이다. "진정한 우정은 삶의 선을 배가하고 악을 반감한다." 많은 사람들은 그렇게 자신에게 힘이 되고 이로운 사람을 친구로 삼고 싶어 한다. 세네카가 말했듯, 사랑은 때때로 고통스럽지만 우정은 항상 이롭기 때문이다. 특히 삶이 어렵고 힘겨울 때 더 그렇다. 그리스의 비극시인 에우리피데스Euripides의 말처럼 "친구들은 어려울 때 사랑을 보여준다." 곤경에 처한 친구를 돕는 일은, 친구가 되고자

---

67 그라시안(Baltasar Gracian)은 박근혜 전 대통령이 2007년 한나라당 대통령 후보 경선에서 떨어진 후 가진 인터뷰에서, 자신의 권력욕을 정당화하기 위해 언급한 작가다. 그의 한국어 번역본으로 『발타자르 그라시안의 사람을 얻는 기술』(2016), 『지혜의 기술』(2014), 『보편타당한 인간』(2000) 등 여러 권이 있다.

하는 분명한 몸짓이다. 철학자이자 수학자이며 노벨문학상을 수상한 러셀Bertrand Russell의 말이다. "누군가 당신이 그의 짐을 지도록 허락할 때, 당신은 깊은 우정을 찾았다."

친구야말로 행복한 삶을 사는 데 가장 필요한 존재다. 홀로 사는 일은 외로운데, 우정은 사랑처럼 불안정하지 않고 연인 관계보다 훨씬 더 자유롭기 때문이다. 영국 작가이자 배우이며 영화감독인 데이비스Terence Davies의 〈조용한 열정〉(2017)에서 디킨슨은 이렇게 말한다. "나는 우정을 매우 중시해. 친구를 죽음으로 잃을 때 그게 가장 큰 상실이야." 흔히 말하는 '보통 사람'이 갈망하는 친구는 적우나 외우가 아니라, 그저 함께 즐기며 내면을 나눌 수 있는 일우이자 밀우다.

어릴 때는 누구든 함께 노는 것만으로도 친구가 되지만, 나이가 들어 삶의 형태가 뚜렷해질수록 친구 될 사람이 확연히 줄어든다. 공통관심사가 희박해지기 때문이다. 우리 모두 잘 알듯 한국은 자살률이 가장 높은 나라인데, 삶을 자신의 손으로 거두는 사람만 그 이유를 알겠지만, 아무리 힘든 처지라도 단 한 명의 좋은 친구만 있어도 분명히 더 견뎌낼 수 있을 것이다. 그만큼 우리는 지금 지독히 외로운 사회에 살고 있다는 말이다. 내가 무엇을 하든, 내가 어찌 살든, 누구도 관심 없고 염려해주지 않는 삶이란 얼마나 헛한 삶인가. 생의 의욕이 얼마나 좌절되는가. 외로움 담당 장관은 영국보다 한국이 훨씬 더 절박하다.

그런데도 우리는 어리석은 까닭에, 그리고 나쁜 습속에 갇혀 사는 까닭에, 친구를 잘 만들지 못한다. 이상한 나이 계산법과 그에 따른 군대식 위계문화로, 나이가 같지 않고서는 친구가 될 수 없는, 참으로 별난 세상에 살고 있기 때문이다. 한 살만 차이가 나도 어법을 바꿔야 하고, 그 어법은 곧장 정신을 위계화시킨다. 수평적 관계를 단박 무너뜨리니, 친구 관계가 성립할 수 없다. 2015년 유엔이 발표한 새로운 생애주기별 연령지표에 따르면, 0~17세는 미성년, 18~65세는 청년, 66~79세는 중년, 80~99세는 노년, 100세 이상은 장수세대다. 성년 나이에 이르면, 우리 모두 자유로운 독립적 인격체로서 누구든 친구가 될 수 있다는 것이다. 그런데도 우리는 정신이 부자유스러워 나이, 교육, 성, 사회적 지위나 처지 등의 차이를 넘지 못한다.

친구가 될 수 있는 것은 식구끼리도 마찬가지다. 부부끼리도 자식끼리도 부모와 자식도 서로 (어쩌면 가장 좋은) 친구가 될 수 있을 텐데, 태어나면서 누구에게나 주어지는, 그래서 친구 관계를 이루기에 가장 쉽고 좋은 조건인데도 우리는 어리석은 탓에 격格에 갇혀 귀한 기회를 잃는다. 배우, 극작가, 편집가, 의상 디자이너, 성우 등 여러 재능을 지닌, 혜성같이 나타난 캐나다의 20대 천재 영화감독 그자비에 돌란Xavier Dolan-Tadros의 〈단지 세상의 끝〉(2016)은, 안식의 대명사인 집이 드리우는 길고 짙은 어둠을 보여준다. 가족들은 서로에게 친구가 되기는커녕 각자 자신의 이유로 서로 벽을 쌓은 채 상처밖에 주지 않는다.

사람들이 친구를 만들지 못하는 데에는 사회적 차이와 격으로부터 자유로운 정신 못지않게 용기(의 결핍)도 큰 몫을 차지한다. 그/녀를 친구로 만드는 가장 좋은 방법은 내가 그/녀에게 먼저 다가가 그/녀의 친구가 되는 것이다. 그런데 우리는 여러 가지 이유로 그러한 선제적 행동을 감행하지 않는다. 혹은 못한다. 용기는 건물의 기초 같아서, 그것이 없으면 어떤 덕도 세울 수 없다. 용기는 덕을 덕으로 성립시키는 기초 덕이다.

또다시 우리는 어리석어서 가까이 있는 친구의 소중함을 쉽게 잊는다. 미국의 심리학자이자 철학자인 제임스William James

는 이렇게 말했다. "인간은 이렇게 짧은 수명으로 태어났는데, 그중에서 최상의 것은 우정과 친밀성인데, 이내 (사회적) 지위들로 인해 그것을 더 이상 알지 못하게 될 것이면서도 그것을 함양하지 않은 채 내버려둔다. 그리하여 세상이 그렇듯, 우정과 친밀성이 관성의 힘으로 유지되리라 기대하며 도로변에 둔 채 늙어간다." 노래와 드라마의 제목이자 흔한 대사 '있을 때 잘해'라는 말은, 그 대상이 특히 오래 머물 수 없을 때 통렬하다. 만들기는 어려워도 부수기는 쉽다. 오래 걸려 아무리 단단하게 구축해도 무너뜨리는 것은 잠시다. 그뿐 아니라 좋고 귀한 것일수록 잘 부서지는 법이다. 아름다운 우정을 영원히 지속시키지 못하는 것은 전적으로 내 탓이다. 가슴뿐 아니라 정신이 편협하고 약해서다. 다시, 러셀의 말이다. "꾸준한 우정 혹은 지속되는 사랑을 할 수 있는 능력은, 가슴의 선善뿐 아니라 정신의 힘을 보여주는 가장 위대한 두 개의 증명이다." 그리하여 친구 또한 바람처럼 왔다가 사라진다. 그리고 우리는 또 다시 새로운 친구를 기다린다. 삶의 의미를 주목하지 않은 채.

"옛 친구들이 사라지고 새 친구들이 나타난다. 마치 날들처럼. 옛날이 사라지고 새날이 도착한다. 중요한 것은 그것을 의미 있는 것으로 만드는 것이다. 의미 있는 친구, 혹은 의미

있는 하루." (달라이 라마)

우리가 친구를 잃거나 못 만드는 데에는 다른 이유들도 있다. 우선 우정의 의미를 제대로 몰라서다. 그리하여 친구에게서 우정 이외의 것을 기대하거나 요구함으로써 우정을 해친다. 인간을 다른 무엇을 위한 방편으로 생각하는 것은 인간 모독인데, 특히 사랑의 경우 치명적이다. 또다시 러셀의 말이다. "우정의 보상은 (우정) 그 자체다. 그 이외의 것을 희망하는 사람은 진정한 우정이 무엇인지 이해하지 못한다." 우정은 삶의 마디들을 함께하고 삶의 경험을 주고받는 소통으로 완결된다. 그 이상은 우정을 위태롭게 만드는 우매한 욕심이다.

시대가 바뀌면서 친구(의 수)가 줄어드는 것은 사회적 환경 때문이기도 하다. 시간과 비용과 감정이 요구되는 오프라인 관계를 손쉬운 온라인 관계가 장악한다. 밀도가 높은 우리 사회는 나쁜 (교육/사회) 환경 탓이 그에 못지않거나 더 크다. 친구란 내면의 소통이 관계의 초석인데, 경쟁에 내몰려 소통하는 능력을 못 갖추기 때문이다. 소통은 이쪽과 저쪽이 말로써 마음을 주고받는 일이다. 이쪽과 저쪽의 말(영혼)이 동종同種이면, 주고받을 (다른) 이야깃거리가 생길 수 없다. 기껏해야 수다에 머문다. 우리 아이들은 대학생(성인)이 될 때까지 모든 에너지를 오직 대학입시에 집중해 '생각의 활동'을 하지 않는다. 대학이 차후의 삶에 도움이 될 것이라는, 그러니까 대학을 막연히 일종의 삶의 보험으로 여겨 그것을 구매하는 데 온힘을 쏟기 때문이다. 왜 대학을 가야 하는지, 왜 이런 공부를 하고 싶은지 등에 대한 생각과 질문은 뒷전이다. 학교는 입시에 매달려 사물이나 세상을 다르게 보는 법이나 다른 관점을 주고받는 토론을 내팽개치고, 집단을 단 하나의 몸으로 만들어 효율성을 추구하는 세상은 모난 돌에 정釘질 한다. 결국 교양의 총체적 결핍인데 '교양교육liberal arts'은 심지어 대학마저 액세서리 수준이다. 그리하여 우리의 아이들은 영혼 없는 성인이 된다. 몸만 다르지 내면은 별반 다르지 않다. 그들의 모든 관심이 몸 주변을 맴도는 것은 그래서다.

우정(의 형성과 유지)에 가장 중요한 것은 자기 자신이다. 자신의 내면을 가꾸고 자신을 사랑하는 것이야말로 모든 사랑의 요체다. 러셀의 말을 한 번 더 옮긴다. "자신과의 우정이 가장 중요한데 그것 없이는 세상의 누구와도 친구가 될 수 없기 때문이다." 성경은 친구를 위해 목숨을 버리는 것이 가장 큰 사랑이라고 가르치지만, 엄밀히 말하건대 친구는 나로부터 출발해서 나로 돌아오는 나의 바깥이요, 나를 보고 나를 찾는 거울이며 나를 만드는 재료다. 내가 더 온전한 삶을 살기 위한 파트너다. 플라톤은 상호적 사랑의 관계로 이해하는 우정의 개념이 환상이어서 문제라고 생각한다. 상대를 욕망하거나 사랑하는 것 같지만, 기실 친구들은 모두 자신에게 좋은 것을 욕망하기 때문이다.[68] 진정한 친구는 자기 자신이라는 뜻이다. 2008년《롤링스톤》잡지가 최고의 작곡가로 선정한, 미국 싱어 송라이터 오버스트Conor Oberst는 이렇게 말했다. "모든 것이 외로울 때는 내가 나의 가장 좋은 친구가 될 수 있다."

인간사가 다 그렇듯, 특히 사랑과 관련된 문제는 모두 자기 자신으로 수렴된다. 아는 만큼 보인다고 하듯, 사랑 또한 자신의 용량만큼 담을 수 있기 때문이다. 삶은 선택의 연속이며, 각각의 선택은 나뿐 아니라 타인의 차후의 삶에 영향을 미친다. 궁극적인 삶의 한계와 내용은 어떤 선택을 해가느냐에 달렸다. 그러므로 사태를 정확하게 파악하고 지혜롭게 결정하는 일이야말로 관건이다. 그런데 정확히 말해, 우리는 어찌해도 사태

68　Mary P. Nichols, "Friendship and Community in Plato's Lysis," *The Review of Politics* 68, 2006, pp. 1-19.

를 정확히 읽어낼 수 없다. 탁월한 해석학자 가다머Hans Georg Gadamer가 말했듯, 어떤 사태에 대한 우리의 해석은 필연적으로 역사적이고 '지금 여기'의 관심사에 묶여 있기 때문이다. 다시 말해 어떤 사태의 의미는 그것과 맞물린 나의 선입견 곧 내가 가진 전前지식fore-knowledge과 그것을 파악하고자 하는 나의 관심사(적용) 안에서 출현하기 때문이다. 따라서 주어진 사태를 가급적 정확히 파악하기 위해서는 나를 넘어설 필요가 있는데, 그것을 철학적으로 (2차적) 반성[69]이라 부른다. 사태를 파악하는 나 자신을 검토하는 일이다. 물론 나를 초월하는 것은 근본적으로 불가능하다. 범부凡夫야 기껏 그로써 굼벵이 속도로 눈썹만큼이나마 성장하는 일이 전부이겠지만, 그럼에도 불구하고 성장은 그 자체가 내적 기쁨이며 삶의 핵심이다. 지혜를 구하고 얻는 일이야말로 여러 삶의 활동들 중 가장 중요한 활동이다.

지혜는 한계 혹은 한계 바깥에서 출현한다. 깨달은 자는 한계를 인식하고, 거기서 거닐며 그 너머를 보는 자다. 가장 지

---

69 1차적 반성은 주목하는 대상에서 물러나는 것, 그리하여 그 대상을 대상으로서 나타나게 하는 세계로 향하는 주목이다.

혜로운 자는 가장 크게 깨달은 자로서 사태를 가장 큰 틀로 본다.[70] 혹은 사태의 근본을 본다. 깨달음은 나의 바깥이 번개처럼 나를 때림으로써 생기는 일이지만 정신의 날을 세우고 있는 자에게만 온다. 한 방울의 물을 애타게 기다리는 목마른 사슴처럼, 적극적 수동성의 상태에 머물고 있는 반성적 영혼에게 별안간 찾아온다.

---

[70]   가장 지혜로운 사람들 중 한 사람인 스피노자는 우리에게 "지나가는 사태들을 '영원성의 양상 아래에서' 보라고 조언"한다. Ed. by Robert E. Egner and Lester E. Denonn, *The Basic Writings of Bertrand Russell*, Routledge, 2009, p. 667.

8

영혼이라는 이름의 거대한 구멍

그런데, 영혼이란 무엇인가? "영혼의 해부학자"[71]로 불리는 무질은 『특성 없는 남자』[72]에서 영혼을 "거대한 구멍"이라고 했다. 그리고 그것을 채우는 가장 좋은 수단은 이상과 도덕이라고 했다. 이상과 도덕이 아니고서는 영혼이라는 구멍을 채우

---

71 최성욱, "영혼의 해부학자 로베르트 무질", 로베르드 무질, 『사랑의 완성』, 최성욱 옮김, 북인더갭, 2015, 354-355쪽. 무질에 관한 연구로 박사 학위를 받은 최성욱은 이 글에서, 무질이 뜻하는 바의 영혼을 "내면 깊숙한 곳에서 이성적으로 파악할 수 없는 '불확실한 충동'", "내면의 무질서하고도 불확실한 충동", "합리적으로 해명되지 않지만, 내면에서 분명히 감지되는 불확실한 감정" 등으로 파악한다.
72 무질, 『특성 없는 남자 1』, 안병률 옮김, 북인더갭, 2013.

기 어렵다는 것이다. 그는 또한 다음과 같이 인간이 살기 위해
절대적으로 필요한 것은 사상과 교양이라고 했다. 이상과 도덕
을 달리 표현한 것으로 해석할 수 있다.

"우리는 절대로 사상들 없이는 살 수 없다. 그러나 사상들
사이에는 어떤 평형이, 힘의 균형이, 무장한 채로 평화를 이
루는 순간들이 있어야 하며 그래서 어떤 사상들도 너무 많이
현실화되어서는 안 된다. 피셸에게 교양은 진정제였다. 교양
은 다름 아닌 문명의 근본감각이었다. 그러나 오늘날 스스로
를 더욱 생생하게 주장하는 반대감각이 생겨났는데 (…) 모든
문제에, 모든 관계자들이 참여하는 어떤 계획된 해결책으로
대체되어야 했다."[73]

우리가 영혼을 가지고 있다는 것은, 우리가 사상이 아니라
'사상들'을 가지고 있다는 것이며, 그것들을 긴장 속에서 균형
을 유지하고 있다는 것이며, 교양 곧 문명에 대한 감각을 가지
고 있다는 것이다. 그런데 우리는 단 하나의 사상 없이도 잘 살
고 있지 않은가? 그리고 무질 당대의 사람들처럼 갖가지 계획

---

[73] 무질, 『특성 없는 남자 2』, 안병률 옮김, 북인더갭, 2013, 321쪽.

들로써 교양을 대체해 잘 살고 있지 않은가? 영혼 없이도 잘 살고 있지 않은가?

아뿔싸, 잘 살다니. 우리는 지금 '삶의 질'을 결정하는 모든 측면이 최악인 나라에 살고 있으니 잘 사는 것이 아니라, 인간 적인 삶은 고사하고 그저 인간으로 생존하고 있는 것조차 버겁 다고 말하는 편이 옳겠다. 우리가 처해 있는 이 인간적인 삶의 총체적 난국(비트코인은 그중 하나에 불과하다)은, 무질의 말처럼 사상과 교양의 결핍 때문이다. 사태가 이런데도 영혼의 문제는 누구도 심각하게 주목하지도 돌보지도 않는다. 그나마 아주 어 쩌다 듣는 반시대적이거나 시대 대항적인 목소리는 이내 시대 의 소음에 묻힌다. 우리는 지금 사상가는커녕, 사상이라는 말 조차 구석의 먼지 같은 세상에서 산다.

의미는 다르겠지만 영혼이야말로 인간에게, 인간이 진실로 인간적으로 살기 위해 가장 중요하다고 생각하는 사람들이 여 럿 있다. 소크라테스는 일흔을 넘긴 나이에 자신의 목숨이 달 린 처음이자 마지막 법정에서 영혼을 돌보라고 당부했다. 그것 이 그가 아테네 시민에게 남긴 단 하나의 당부이자, 그가 평생 가르치고자 했던 언행의 핵심이다. 그는 이렇게 말했다.

"아테네인 여러분 (…) 나에게 생명과 힘이 있는 동안에는 지혜를 애구하고 지혜를 가르치며, 내가 만나는 사람들에게 충고를 하고 평소의 태도로 다음과 같이 말하는 일을 결코 중단하지 않을 것입니다. 즉 '위대하고 강력하며 현명한 아테네 시민인 그대, 나의 벗이여, 그대는 최대한의 돈과 명예와 명성을 쌓아올리면서 지혜와 진리와 영혼의 최대의 향상은 거의 돌보지 않고 이러한 일은 전혀 고려하지도, 주의하지도 않는 것을 부끄러워하지 않는가?'라고 말입니다. (…) 왜냐하면 내가 돌아다니며 하는 일은 여러분 모두에게 노인이든 청년이든 가리지 않고 여러분의 육신이나 재산을 생각하기에 앞서서 우선적으로 영혼의 최대의 향상을 고려해야 한다고 설득하는 것뿐 (…)"[74]

소크라테스에게 영혼은 몸을 지배하는 보이지 않는 불멸의 존재다. 살아 있는 존재의 뚜렷한 표식이자 본질로서, 지혜를 얻으면 대상과 진정하고 온전하게 관계한다. 불멸성을 논외로 부치면, 영혼은 대개 내면의 진정한 자아를 뜻한다. 죽음 연구에 일생을 바쳐 명성을 얻은 미국의 정신의학자 퀴블러 로

74　플라톤, 『소크라테스의 변명』, 황문수 옮김, 문예출판사, 2013, 34-35쪽.

스Elisabeth Kubler-Ross는 이렇게 말했다. "인간 모두의 깊은 내면에는 자신이 되기를 갈망하는 어떤 존재가 있습니다."[75] 영혼이 단순한 자아가 아니라 '내면과 진정성에 한정되는' 자아인 것은, 우리의 일상적 자아는 타인들과 '문제없이' 관계하기 위해 조정하는 '사회적' 자아이기 때문이다. 미국 캘리포니아 대학 연구에 따르면, 우리는 거짓말을 하루 평균 200번 이상 한다.[76] 그리고 세계커뮤니케이션학회WCA 공식 학술지 《Journal of Intercultural Communication Research》에 따르면, 우리는 주로 우리 자신을 위해 거짓말을 한다.[77] 거짓말로써 우리는 솔직한 생각과 감정을 내면에 구금한다.

그자비에 돌란의 〈단지 세상의 끝〉 주인공 루이는 시한부 삶을 산다. 12년 만에 집으로 돌아가지만 단 3시간밖에 머물지 못한다. 결국 가족들에게 자신의 임박한 죽음을 알리지도 못한 채 쓸쓸히 돌아서는데 그가 가족들에게 남기는 마지막 언약마저 거짓말이다. "또 올게요. 더 자주. 그리고 편지 할게요. 더 자

---

75 엘리자베스 퀴블러 로스 · 데이비드 케슬러, 『인생수업』(eBOOK), 류시화 옮김, 이레, 2006.

76 김형석, 「거짓말의 과학」, 뉴스토마토, 2016. 12. 8.

77 「인류는 어쩌다 거짓말을 즐기게 됐을까」, 시사IN, 2017. 10. 26.

주. 두세 단어 이상으로. 왜냐면 후회가 돼서요. 우리가 낭비한 시간도 내가 낭비한 시간도." 우리의 영혼은 그렇게 쓸쓸히 퇴색한다. 퀴블러 로스와 그녀의 제자 케슬러David Kessler는, 삶의 목적은 배움을 통해 진정한 자아를 찾고 그에 따라 살아가는 것이라고 확신한다.[78] 사람들이 "20세기 인도의 성자"로 일컫는 마하라지Sri Nisargadatta Maharaj는 이렇게 말했다. "'나는 누구인가?' 하는 한 가지 질문 외에는 모든 질문을 포기하십시오."[79]

그런데 마하라지가 말하기를, '나는 누구인가?'라는 질문에는 답이 없다. 답 없는 질문에 답을 찾으려는 것은 부질없는 일이다. 그렇다고 답 없는 질문을 묻는 행위가 무의미한 것은 아니다. 답 없는 문제의 의미는 정확히, 그것을 부여안고 살아가는 데 있다. '삶은 무엇인가?'라는 물음을 안고 살아가는 것은, 그 물음 없이 살아가는 것과 다르다. 그리고 진정한 자아가 없는 방식으로 있다면, 긍정성이 아니라 부정성으로 존재한다면 그것을 직접 거머쥘 수는 없다. 부정적인 것은 그것이 아닌 것(들)을 통해 간접적으로 인식할 수 있을 따름이다. 무질이 영

78　퀴블러 로스 · 케슬러, 같은 책.
79　모리스 프리드먼, 『아이 엠 댓: 스리 니사르가닷따 마하라지와의 대담』, 탐구사, 2007.

혼을 '거대한 구멍'이라고 할 때 그것이 뜻하는 바가 그러하다. 구멍은 존재하지 않는 방식으로 존재한다. 존재하는 것(들)을 통해 간접적으로 나타난다. 없는 것과 부재不在하는 것이 다르듯 말이다. 없는 것은 단순히 없지만, 부재한 것은 없는 방식으로 있다. 영혼이 구멍이라면, 그것을 현존시키는 것은 거기에 무엇을 채워 넣는 방도뿐이다. 그리하기 위해서는 우리의 영혼, 곧 존재의 구멍을 먼저 인식해야 한다. 사르트르가 진술했듯, 인간은, 바위처럼 무의미하지만 자족적으로 존재하는 즉자존재가 아니라, 대상(들)과 관계함으로써 의미를 짓는 대자존재 곧 무無다. 영혼이란 신성한 것, 아름다운 것, 선한 것, 참된 것 등이 바로 그 존재의 구멍에 드리우는 그림자다.

퀴블러 로스와 케슬러에 따르면,[80] 우리가 우리의 영혼을 느끼거나 우리의 진정한 자아에 다가서는 것은 대개 죽음 앞에서다. "삶의 마지막 순간이 가까워 오면 사람들은 더 진실해지고 정직해지고 더 진정한 자신"이 된다. "마치 어린 시절로 되돌아간 것처럼." 그리고 의학적으로 죽었다가 다시 살아난 사람들은 "죽음 속에서 온전한 자신을 느꼈"다고 하는 공통점이 있

---

80   퀴블러 로스 · 케슬러, 같은 책.

다. 우리는 살아가면서 우리의 영혼을, 마치 누에가 누에실로 감싸듯, 진정한 자아에 부합되지 않는 것들로 감싼다. 그러니 영혼을 찾는 것은 그것들을 벗겨내는 일이다. 그러한 일을 퀴블러 로스와 케슬러는 미켈란젤로의 이야기에 빗대어 이렇게 설명한다.

"누군가 미켈란젤로에게, 어떻게 피에타 상이나 다비드 상 같은 훌륭한 조각상을 만들 수 있었느냐고 물었습니다. 그러자 미켈란젤로는 이미 조각상이 대리석 안에 있다고 상상하고, 필요 없는 부분을 깎아내어 원래 존재하던 것을 꺼내주었을 뿐이라고 대답했습니다. 이미 존재하고 있었고 앞으로도 영원히 존재할 완벽한 조각상이 누군가가 자신을 꺼내주기를 기다리고 있었습니다. 마찬가지로 당신 안에 있는 위대한 사람도 밖으로 나오기만을 기다리고 있습니다. (…) 우리는 아인슈타인 같은 천재도, 마이클 조던 같은 뛰어난 운동선수도 아니지만 '필요 없는 부분을 깎아내는 것'만으로도 우리의 타고난 재능을 눈부시게 꽃피울 수 있습니다."[81]

---

81 같은 책.

퀴블러 로스에 따르면 우리의 내면에는 간디와 히틀러, 곧 최상의 것과 최악의 것이 있다. 배우는 일이란 최상의 것을 찾아가는 것으로서 많이 배울수록 더 온전한 삶, 더 가슴 뛰는 삶을 산다. 삶이란, 배움을 통해 더 높은 선의 존재로 성장해가는 과정이다.

그런데 우리는 아름다운 정원에 앉아 있는 한 성장할 수 없다. 우리가 성장하는 것은 아플 때, 고통 속에 머물 때, 상실을 경험할 때, 그리고 그러한 상태를 선물로 받아들일 때다.[82] 부정성에 직면함으로써 현실로부터 온전히 물러나 홀로 자신의 실존을 대면할 때다. 실존한다ex-ist는 것은 바깥에 존재한다는 것인데, 고통스러운 순간에 그리한다. 즐거울 때 나는 즐거움에 빠진다. 도대체 왜 내가 로또에 당첨되었는지 따지지 않는다. 도대체 왜 내가 사랑을 받아야 하는 존재인지 묻지 않는다. 그저 행복에 겨울 뿐이다. 그런데 고통의 순간에는 나를 내 앞에 세운다. 왜 나는 사랑을 못 받는지, 왜 내가 시한부 삶을 살아야 하는지 묻고 또 묻는다. 그리고 고통은 그 의미가 드러나고서야 물러간다. 배움은 그렇게 고통과 상실에서 얻는다. 거

---

82 같은 책.

기에 함몰되지 않고 넘어설 때 우리의 영혼은 빛을 얻는다. "사람들은 스테인드글라스 창문들과 같다. 그들은 해가 나와 있을 때 반짝이고 빛나지만, 어둠이 찾아들 때, 오직 내면의 빛이 있을 경우만 그들의 진정한 아름다움이 드러난다."[83] 다음은 퀴블러 로스의 글 중 빈번히 인용되는 가장 아름다운 구절이다.

"우리가 알아온 가장 아름다운 사람들은, 패배를 알고, 고통을 알고, 애씀을 알고, 상실을 알고, 그러고서 그 깊이들에서 빠져나오는 길을 발견한 사람들이다. 이 사람들은 자신들을 연민, 온화함, 깊은 사랑의 염려로 채우는, 삶에 대한 감사, 감수성, 이해를 품고 있다. 아름다운 사람들은 그냥 생기지 않는다."

영혼을 응시하는 일은 존재의 빈 구멍을 대면하는 일이다. 디킨슨은 외로움이 영혼을 만든다고 썼다. 그녀의 시의 일부다. "나는 나 이것-외로움-이 두렵다/ 영혼을 만드는 것/ 그 동굴들과 그 회랑들이/ 밝힌다-혹은 봉쇄한다-" 외로울 때 영

83　Jim Clemmer, *The Leader's Digest: Timeless Principles for Team and Organization*, TCG Press, 2003, p. 84.

혼을 만나는 까닭에, 영혼은 외로움이 만든다는 의미가 아닐까. 홀로 고요히 침묵 속에 머물 때, 하나의 직선이던 사회적 자아는 끊어져 조각난다. 텅 빈 존재로 해체된다.

"수십 년 동안 그녀의 인생을 엮어온 거대한 감정의 연관관계가 한순간 뒤로 멀어진 채 삭막하고 거의 무가치하게 변해버렸다. 아무 말 없이 우뚝 솟은 사물들 사이에서 독자적으로 살아남기 위해 인간들은 선 하나를, 모든 것을 단순하게 연결하는 하나의 일직선을 새긴다. 이게 바로 우리 인생이다. 우리 인생은 모든 것이 조각조각 끊어져 어떤 말도 할 수 없는 침묵의 순간에 몸을 가눌 수 없을 정도로 비틀거린다. 아니면 이 침묵으로 자신이 해체되어 사라질까 두려워 끊임없이 말하고 또 모든 말들은 그전에 했던 말에 소속되고 그다음에 올 말을 요구한다고 스스로 기만한다."[84]

그리하여 영혼은 우리가 실존의 위기에 직면할 때 본능적으로 출현한다. 온몸 전체에 관여하는 일종의 근원석인 결정을 내리는 진정한 힘으로써 나타난다.

---

[84]　무질, 최성욱 옮김, 같은 책, 242쪽.

"나는 의지, 감정, 느낌, 생각 등, 자기 것이라 여기는 모든 것, 즉 겉보기엔 우리를 지배하는 것처럼 보이는 모든 것도 단지 아주 제한된 범위에서만 전권을 행사할 뿐이라고 생각해. 그리고 중병에 걸려 치료할 때나 승패를 알 수 없는 불확실한 싸움을 벌일 때처럼 운명의 모든 전환점에서는 온몸 전체가 관여하는 일종의 근원적인 결정이 내려지는데, 이 결정 속에 궁극적인 힘과 진리가 있다고 믿어."[85]

우리의 몸을 근원적으로 지배하는 것이 영혼이라면, 그것의 보존과 양육은 실존적으로 가장 중요한 일이다. 버크Edmund Burke에 따르면 사회를 형성하고 떠받치는 열정이 아름다움에 기댄다면, 개인을 보존하는 열정은 고통과 위험에 기댄다.[86] '개인 보존'의 열정은 열정들 중에서도 가장 강한 열정이다. 그런 까닭에 사회에서 전적이고 영속적으로 배제되는 절대적 고독은 엄청난 고통이다. 죽음은 공포의 왕이다. 공포를 자극하는 것은 종류와 무관하게 모두 숭고의 원천이다. 숭고는 정신이 느낄 수 있는 가장 강한 감정이다. 고통이나 공포를 "거리를

---

85 같은 책, 31쪽.

86 Burke, 같은 책, Part 1, Section VI.

둔 채, 그리고 특정한 수정을 부여"함으로써 얻는 즐거움, 곧 고통을 통해 얻는 기쁨이다. 우리의 영혼은 아름다움이 아니라 숭고를 통해 진동한다.

무질에 따르면, 영혼이라는 구멍은 균형 잡힌 사상과 교양으로 가장 잘 메울 수 있다. 그러므로 우리는 우리의 영혼을 짓기 위해 자유와 평등, 사랑과 정의, 아름다움과 추함, 쾌락과 고통, 다원주의와 일원론, 진보와 보수 등 대립을 이루는 양극을 함께 품어야 한다. 기꺼이 모순적 존재이어야 하는데, 세속의 진리와 도덕에서 해방된 자유정신이 감당할 몫이다.

"모든 사람들은 이제 모순을 견딜 수 있는 것이 높은 문화의 표식이라는 것을 안다. 몇몇 사람들은 심지어, 더 높은 인간은 아직은 알지 못하는 자기 자신의 불의의 실마리를 얻기 위해 모순을 욕망하고 초대한다는 것을 안다. 그런데 모순적일 수 있는 능력, 곧 친숙하고, 전통적이고, 신성시되는 것에 대한 적대를 동반하는, 습득한 '선한' 양심이 그러한 능력보다 더 낮고, 우리 문화의 진정하게 위대하고, 새롭고, 놀라운 것을 구성한다. 이것은 해방된 정신의 모든 단계들 중의 단계다. 누가 이것을 아는가?"[87]

영국의 소설가이자 비평가인 헉슬리Aldous Huxley는 『멋진 신세계』(1932)에서 우리가 살고 있는 세상을 놀랍도록 정확히 예견했다. 그가 그려낸 2540년에 도래할 새로운 세상은, 진리나 미가 아니라 안락과 행복을 추구하는 전체주의 사회다. 행복은 소마라는 약樂으로 인공적으로 만들어낸다. 행복을 위해 예술, 과학, 종교를 희생하고, 모든 것을 쾌락을 주는 연예인의 힘에 의존한다. 우리는 20세기의 이념인 자유, 평등, 우애를 안전, 안락, 지속가능성으로 대체하고, 프로작Prozac이나 졸로프트Zoloft로 '인공행복'을 얻는다. 교육마저 예능이 된 세상의 중심은 엔터테인먼트다. 보호구역에 격리되어 사는 『멋진 신세계』의 야만인 존John Savage은 책을 읽고 자신이 속한 문명사회를 거부한다. 새로운 세상이 제공하는 안전하고 위생적이고 행복한 삶 대신, 신神과 시詩가 있고 고독과 불편하고 위험한 삶을 갈망한다. 호주 출신 할리우드 영화감독 위어Peter Weir가 만든 〈죽은 시인의 사회〉(1989)의 키팅 선생은 이렇게 말했다.

"시가 아름다워서 읽고 쓰는 것이 아니다. 인류의 일원이기 때문에 시를 읽고 쓰는 것이다. 의학, 법률, 경제, 기술 따위는

---

87 Nietzsche, *The Gay Science*, p. 169.

삶을 유지하는 데 필요하지만 시와 아름다움, 낭만과 사랑은 삶의 목적이다."

'홀로 있음'의 고통(외로움)을 없애기 위해 다른 이와 함께 있는 것은 "인간적인, 너무나 인간적인 상태를 위한 치료약"[88] 이긴 하지만 그것은 결코 건강하지 않다. 홀로 있든 함께 있든, 자신의 영혼과 일치시키는 일이 중요하다.

"고독이 위대하고 성과가 있다고 느끼면, 사회 속의 삶은 당신을 축소시키고 텅 비게 할 것이다. 거꾸로도 같다. 아버지의 그것처럼 강한 온화함, 이 분위기에 사로잡히는 곳을 당신의 집터로 삼아라. 군중 한가운데든 조용한 시골이든."[89]

---

88 같은 책, 117쪽.

89 Nietzsche, *Daybreak: Thoughts on the Prejudices of Morality*, p. 196.

9

위대한 영혼, 메갈로프시키아

내가 하는 말이나 몸짓은, 나의 표현은, 나의 영혼에서 나온 것이어야 너를 건드린다. 그래야 너의 마음을 열 수 있다. 세계의 대문호 괴테Johann Wolfgang von Goethe는 『파우스트』 제1막에서 이렇게 말했다.

"가슴에서 나오는 것만 다른 이들의 가슴을 너에게 열게 할 것이다. (…) 네가 느낄 수 없으면, 결코 영혼에서 솟구치지 않으면 너는 할 수 없다. (…) 네 가슴의 공간에서 떠오르지 않으면 결코 가슴에서 가슴으로 말할 수 없을 것이다."

가슴에서 나오는 말은 어떤 것인가? 거꾸로, 어떤 말이 우리(의 영혼)를 건드리는가? 어떤 말이 우리의 심중에 들어오는가? 무엇보다 현실을 지배하는 힘에 감히 맞서는 말이 그렇다. 맞서기 힘든 말일수록 더 그렇다. 서지현 검사가 무려 7년여 만에 선배검사에게 당한 성추행 사실을 폭로했다. 수많은 사람들이 그를 응원하고 격려한다는 소식이다.[90] 검사마저 피해를 알리기가 그렇게 힘이 드니, 힘없는 사람들은 오죽할까. 다음 사태가 몰고 올 또 다른 피해에 대한 불안이, 온갖 형태의 현실적 불편과 불이익이 발목을 잡는다. 그의 말이 우리를 건드리는 것은 정확히 그것 때문이다.

도둑놈 잡는 경찰이 도둑질하는 현실. 정의의 칼을 쥔 검찰과 법원이 불의를 저지르는 현실, 국민을 섬겨야 할 국회의원이 국민을 업신여기는 현실. 참으로 불합리하고 어처구니없는 사태 앞에서 우리는, 우리 자신의 현실적 불이익이 싫고 두려워 마음에 묻고 산다. 고통을 삼키고 침묵한다. 갑이 무서운 것이 아니라 살아낼 삶이 무섭기 때문이다. 권력으로 잃을 사랑이 무섭고, 밥이 무섭다. 그리하여 예술 특히 문학은 우리가 내

---

90 「용기 있는 폭로, 서지현 검사를 응원합니다」, 한겨레, 2018. 1. 31.

면에 감금한 어둡고 아픈 말들에 목소리를 준다. 차마 말할 수 없는 것들이 말하게 한다. 그러므로 상처 없는 예술가는 없고, 현실의 이면을 드러내지 않는 예술은 없다. 제임슨Fredric Jameson 이 주장했듯, 예술은 정치적으로 혹은 사회적으로 억압된 꿈 혹은 무의식[91]이다.

깊은 성찰로부터 우러나오는 말도 우리를 건드린다. 예수가 그렇고 붓다가 그렇듯, 삶의 본질적인 질문을 안고 일상으로부터 물러나 홀로 지난한 시험과 구도 끝에 길어 올린 각자覺者의 말은 깊은 울림을 준다. 우리처럼 평범한 인간도 각자가 되는 순간이 있다. 그리하여 영혼의 말을 살필 때가 있다. 특히 뜬금없이 찾아오는 불치병이나 죽음처럼, 도무지 정복할 수 없는 운명의 무게를 고스란히 끌어안아야 할 때 그러하다. 그때 우리는 우리의 영혼을 감싸던 껍질에서 벗어나, 그동안 살아온 수많은 날을 통째로 조망한다. 그리고서 마치 탈곡하듯 오직 삶의 핵심만 가려내어 응시한다. 그때 떠오르는 말은 누구의 말이든 어떤 말이든 귀중하다. 그러니 그때 발화되는 많은 이들의 말들을 꿰는 말이야 어찌 그렇지 않겠는가. 퀴블러 로스

91   프레드릭 제임슨, 『정치적 무의식』, 이경덕 · 서강목 옮김, 민음사, 2015.

처럼, 1000명의 죽음을 지켜본 호스피스 전문의 오츠 슈이치大
津秀一는 우리에게 "죽을 때 후회하는 25가지"[92]를 알려준다. 두
가지만 일별하면 이렇다. 첫 번째 후회, 사랑하는 사람에게 고
맙다는 말을 많이 했더라면. 두 번째 후회, 진짜 하고 싶은 일
을 했더라면. 작가 탄줴잉이 제시하는 "살아 있는 동안 꼭 해야
할 49가지"[93] 중 첫째와 둘째는 사랑에 송두리째 걸어보기와
자신을 소중히 여기기다. 바로 앞의 오츠 슈이치의 목록과 그
리 다르지 않다.

예고 없는 죽음을 대면하는 자만큼 진실한 이는 없다. 26세
에 골육종이라는 희귀병에 걸려 그 다음 해에 세상을 떠난 한
여인이 남긴 편지가 지구촌을 감동시켰다. 일부를 옮긴다.

"(…) 삶의 아주 작은 것, 무의미한 스트레스에 대해 걱정을
내려놓고 어차피 모두 같은 운명을 가진 사람으로서 자신의
시간을 값지고 의미 있게 보내기를 바라요. (…)
오늘 당신이 최악의 교통체증에 시달렸다든지, 당신의 아

---

92 오츠 슈이치, 『죽을 때 후회하는 스물다섯 가지』, 황소연 옮김, 아르테, 2015.

93 탄줴잉, 『살아 있는 동안 꼭 해야 할 49가지』, 김명은 옮김, 위즈덤하우스, 2007.

름다운 아기가 당신의 잠을 설치게 했다든지, 미용사가 당신의 머리를 너무 짧게 자를 수 있어요. 당신의 가짜 손톱에 금이 갈 수 있고 당신의 가슴이 너무 작을 수 있고, 당신의 몸에 지방이 붙어서 뱃살이 출렁거릴 수 있어요.

그런 쓸데없는 것들을 다 내버려둬요. 당신이 이 세상을 떠날 때 그런 것들이 전혀 생각나지 않는다고 맹세해요. (…) 단지 내가 바라는 건 내가 한 번만 더 나의 가족과 함께 생일이나 크리스마스를 보낼 수 있게 되는 겁니다. 제발 딱 한 번만 더. (…) 당신의 건강과 움직일 수 있는 몸에 감사하세요. 그것이 자신이 원하는 이상적인 사이즈가 아니라 할지라도. 그것을 돌보고 그것이 얼마나 놀라운지를 끌어안으세요. 그것을 움직이게 하고, 신선한 음식으로 영양을 주세요. 하지만 그것에 사로잡히지는 마세요.

건강에는 육체보다 더 많은 면이 있다는 것을 기억하세요. 정신적·감정적·영적 행복을 찾는 게 그것이에요. 소셜미디어에서 말하는 완벽한 몸으로 보이는 것들이 얼마나 바보 같고 하찮은 것인지 깨닫게 돼요. (…)

자신의 뉴스피드newsfeed에 자신을 '디스'하는 내용이 올라오면 그냥 지우세요. 친구든 아니든 자신의 행복을 위해 무자비해지세요. 매일 통증이 없다는 것에 감사하세요. 독감, 등

결림, 발목이 삐어 아파도 그저 인생을 위협하는 것이 아니고 금방 나을 것이기에 감사히 받아들이세요.

당신이 죽을 때 마지막에 쓸 돈이 있다면 이상한 일이에요. 평상시처럼 새로운 옷을 사 입거나 물건을 구입할 때가 아니에요. 우리 삶에서 새로운 옷과 물건에 많은 돈을 지출할 가치가 있다고 생각해온 것이 얼마나 어리석은지 깨닫게 해줍니다. 다른 사람의 시간을 가치 있게 여기세요. 당신이 매일 약속시간을 못 지키면 그들의 시간을 빼앗는 것과 같아요. 그들이 당신과 시간을 보내주는 것에 감사하세요.

경험에 돈을 쓰세요. 적어도 당신이 물질적인 것에 돈을 다 써버려서 경험을 얻을 기회를 놓치지 마세요. (…) 당신이 진정으로 하고 싶지 않은 일에 당당히 '노No'라고 말하세요. (…) 지난 1년은 내 인생의 가장 위대한 시간이었어요. 우리가 다시 만날 때까지… 홀리"[94]

죽음을 대면하며 보낸 1년이 삶의 가장 위대한 시간이었다는 홀리의 고백은, 결코 허투루 들을 말이 아니다. 삶의 경험은 강도强度이며, 의미의 무게는 밀도다. 그리고 밀도가 큰 것은 끝

---

[94] 「"삶은 선물이에요" 전 세계 울린 27세 여성의 하직 편지」, 중앙일보, 2018. 1. 10.

어당기는 힘이 세다. 밀도가 높은 삶을 산 사람이 하는 말은 인력引力이 강하다. 그렇다고 오래 사는 것이 곧 밀도가 높은 삶은 아니다. 밀도는 삶의 길이와 무관하다. 경험은 짧게 살아도 짙을 수 있고, 길게 살아도 묽을 수 있다. 괴테는 파우스트 첫째 부분에서 이렇게 말했다.

"인간의 운명이 무엇이든 나는 나의 가장 깊은 자아로 맛보고 싶다. 그 비애와 열락을 나의 가슴에 끌어안아 가장 높고 가장 낮은 것을 붙잡고 싶다. 그러고서 나만의 자아를 거대하게 확장해 종국에 모든 다른 것과 함께 내려가고 싶다."

지혜로운 자가 구하는 것은, 강도 높은 삶의 경험들의 집적集積으로 영혼을 확장해, 마침내 큰 영혼을 갖는 것이다. 큰 영혼을 가진 자만 사태를 꿰뚫어볼 수 있기 때문이다. 목전目前의 사태에 붙잡혀 있는 사람은 바깥은커녕 그 윤곽도 그려낼 수 없다. 감정에 빠져 있을 때 내리는 결정은 반드시 후회를 부른다.

가장 큰 통찰은 가장 큰 영혼에게서 나온다. 아리스토텔레스는 그것을 메갈로프시키아megalopsychia 곧 '위대한 영혼'이라고 부른다. 그것은 인간이 최고의 삶을 살기 위해 지향해야 할 궁극적 목표다.[95] '위대한 영혼'을 가진 자인 메갈로프시코스 megalopsychos는 "자신을 위대한 것들이 지닌 가치를 지닌 존재로 생각하는" 사람으로서 위대한 것에 관심을 갖는다. 여기서 위대한 것이란 무엇보다도 자신의 '고결한 영혼'을 가리킨다.[96] 그리고 그것은 다른 덕성들과 마찬가지로 오직 행동을 통해 주어진다(예컨대 용감한 사람은 용감한 행동을, 정의로운 사람은 정의로운 행동을 반복함으로써 그런 사람이 된다).[97]

아리스토텔레스가 제시하는 그의 특성들 중 흥미로운 점은 이것이다. "그는 수익이 되고 유용한 것들보다 아름답고 수익

---

95   아리스토텔레스에게 온전한 인간적 실존을 사는 것은 온전히 번성하는 것이다.

96   Kevin Patrick Osborne, "Aristotle's Conception of Megalopsychia," Ph. D. Dissertation, City University of New York, 1979.

97   아리스토텔레스가 구체적으로 적시하는 행동의 표식은 대충 이러하다. 용감한 사람이어서 목숨을 걸어서라도 위험을 피하지 않고 동료나 나라를 지키지만, 사소한 위험에 뛰어든다거나 위험을 좋아하지는 않는다. 사소하게 부당한 것을 보복하거나 마음에 두지 않는다. 남을 험담하지 않는다. 물론 자신에 대한 찬사에도 관심을 두지 않는다. 옳은 일에 분노하고, 옳은 사람과 함께하고, 마땅한 것인 한 마땅히 한다. 온화하고 친절하며 너그럽다. 아무것도 바라지 않고 도우며, 은혜를 입으면 더 큰 은혜로 보답한다. 친구가 아니면 맴돌지 않는다. 진실해서 미움과 사랑을 숨기지 않으며 있는 그대로 말한다. 천박한 것을 경멸한다. 공과의 배분에 공정하다. 계급이나 권력이나 부와 무관하게, 올바른 명예만 취한다. 한마디로 용기, 선량함, 다정함, 너그러움, 진실성, 정의, 올바른 야망 등 7가지 덕을 행하는 자다.

이 없는 것들을 소유하는 자"[98]다. 이것이 뜻하는 바는, 그는 세속적인 시선에 결코 종속되지 않고 온전히 자족적인 존재라는 것이다. 바람 같아서 세속욕망의 그물에 걸리지 않는다. 그는 미와 선이 일치되어 탁월성을 이루는 칼로카가티아Kalokagathia를 지닌다. 그리고 '위대한 영혼'이 뜻하듯, 그는 행운에도 악에도 과잉반응하지 않고 명예와 자존을 거대한 스케일에서 생각한다. 관점이 커지면 모든 대상이 작아진다. 종교적 공간에서 죽음은 하나의 문턱에 불과하다. 메갈로프시코스가 다른 덕성을 지닌 자와 다른 것은, 자기반성의 힘을 통해 자신을 자신의 가장 좋은 친구로 삼는다는 것이다. 그는 자신에게 진실한 까닭에, 사랑 또한 자신이 가진 만큼 누린다.

우리가 살아온 삶의 경험들을 꿰뚫는 큰 영혼의 말은, 마치 깊은 산속의 샘물이 그러하듯, 낡고 진부한 삶에 청량한 생기를 준다. 두터운 일상적 자아가 밀폐한 영혼에 한 줄기 빛을 비추고 한 모금 단비를 적신다. 삶의 핵심 과제는 우리의 영혼을 꾸준히 성장시키는 일이다. 한계를 응시하고, 그것을 끊임없이

---

98   Aristotle, *Nicomachean Ethics*, In W. D. Ross, gen. ed., The Works of Aristotle Translated into English, 12 vol., 1125a, p. 12.

넘어서는 일이다. (더) 정의롭고, (더) 용감하고, (더) 선한 행동을 부단히 실천하는 일이다. 자신을 초월하는 일은 세상에서 가장 힘이 드는 일이다. 오랜 인고와 기다림이 요구된다. "언젠가 많은 것을 말해야 하는 이는, 많은 것을 가슴 속에 말없이 쌓는다. 언제인가 번개에 불을 켜야 할 이는, 오랫동안 (…) 구름으로 살아야 한다." 니체의 말이다.

10

호모 나랜스, 한계에서 춤추기

　내가 나의 말이나 몸짓으로 너의 시선을 끌고, 너의 마음을 붙잡고 싶은 것은 할 이야기가 있기 때문이다. 내가 이야기를 하고 싶은 것은, 너의 관심이나 사랑을 요구하는 욕망과 무관하다. 인정받고자 하는 것이 아니다. 그저 지금까지 이렇게 살아오며 차마 다 하지 못한 말들이 쌓여 있기 때문이다.

　인간은 홀로 살아도 다른 이(들)를 마음에 두고 사는 존재다. 그런데 가족이든 아니든, 근본적으로 다른 존재인 타인(들)과 관계하는 일은 결코 녹록지 않다. 그것은 대개 갈등과 억울함과 부당함을, 그리하여 한恨을 쌓는 일이다.[99] 어떠한 삶도 언어를 넘치고 언어는 대개 적시適時를 놓친다. 그리하여 살아온, 그리고 살아가는 일을 제때 다 말하는 일은 근본적으로 불가능하다. 게다가 살아가는 것은 사람과 사람이 감정으로 엮이는 일이어서, 자존과 자존이 부대끼는 일이어서, 말할 수 없는 경우도, 말을 해도 그 말이 곧바로 땅에 떨어지는 경우도 허다하다. 꼭 해야 할 말, 하고 싶은 말마저 때때로 삼킬 수밖에 없다. 그리하는 것은 가슴 아픈 일이지만 더불어 살기 위해 어쩔 수 없다.

쌓인 말들은 출구가 막히면 (화)병이 된다. 그러니 더는 누를 수 없는데도 들어줄 사람이 없거나 말의 길을 찾지 못할 때, 그때는 홀로 조용히 앉아 자신을 친구로 삼는 것이 최선이다. 자신과 소리 없이 말을 주고받는 글쓰기는 진실로 놀라운 치유책이다. 감정을 응시한 채 솔직하게 써내려가는 것만으로도 숨통이 트인다. 게다가 생각을 집중해 힘든 감정의 뿌리를 찾아가는 일은 마음의 연금술이다. 마음에 쌓인 독소를 영혼의 보

---

99 이병욱 정신건강의학과 전문의에 따르면, 한국인의 주된 정서는 한(恨)이다. 중앙선데이, 2017. 10. 22. 억울함과 부당함에 대한 분노를 해소할 수 없을 때 생기는 (울)화병은 세계보건기구(WHO)가 인정한 한국인 특유의 병이다.

약으로 바꾼다.

인간의 삶은, 혹은 인생은 이야기다. 이야기가 없는 삶은 삶
이 아니다. 동물적 생존이다. 죽음도 그렇다. 이야기가 없는 죽
음은 더 이상 죽음이 아니다. 물질적 소멸일 뿐이다. 인간은 이
야기 속에 태어나, 이야기하며 살다가, 죽어서 이야기를 남긴
다. 모든 인간은 각자 자신의 삶을 살아야 할 운명이고, 자신만
의 기억을 쌓아가는 존재다. 그러므로 인간이 참으로 인간적인
존재로 살아가는 것은, 이야기하고, 이야기를 듣고, 이야기를
남기며 사는 것이다. 이야기할 입이 없고, 들을 귀가 없고, 남길
이야기가 없고, 이야기를 남길 세상이 없는 것은, 인간으로 사
는 것이 아니다. 인간은 무엇보다도 이야기하는 존재, '호모 나
랜스Homo Narrans'[100]다. 그러므로 내가 너에게 말을 하고자 하
는 것은 그것이 곧 (온당한 의미에서) 삶 그 자체이기 때문이다.
우리는 오직 그로써 실존한다.

세상은 늘 말과 이야기로 시끄럽다. 막말은 단박 주목을 끌

100　'호모 나랜스'라는 용어는 미국의 영문학자 닐스(John Niels)가 자신의 저서
Homa Narrans; The Poetics and Anthropology of Oral Literature(2010)에서 처음 썼다.

고 널리 퍼진다. 그래서 남의 이목에 목매는 사람이 쉽게 끌린다. 제살 깎아먹는 줄 모르거나 알면서도 '현실적 효과'를 노리는 간교한 이가 부리는 술책이기도 하다. 가짜뉴스 또한 그렇다. 상식에 반하는 사실로 출렁이는 까닭에 확산력이 높다. '아니면 말고' 식의 무책임한 정치 언사도 다르지 않다. 음험한 어둠의 정치이지만, 우리 모두 급변하는 세상 따라가느라 쉽게 잊는 바람에 효과적이다. 자극적인 말은 삽시간에 퍼진다. 시장을 점령하고 싶은 장사치들이 애용하는 상술이다. 문화산업 종사자들은 향수鄕愁를 팔거나, 현실을 잠시 잊게 하는 쉬운 쾌락으로 대중을 끈다. 삶에 지친 대중은 편한 쾌락을 구한다. '진정성을 대체한 피상성의 에토스(와 파토스)'[101]는 우리 시대의 역병이다.

"조용하고 소박한 삶은 끊임없는 동요와 결부된 성공의 추구보다 더 많은 행복을 가져다준다."[102] 지난 가을 예루살렘 경매에서 20억 원에 낙찰되면서 돌연히 눈길을 끈 아인슈타인의 메모 중 하나다. 20세기 최고의 과학자인 그가 노벨상 수상자

101 김문조, 〈행복의 추구: 한국 사회에서의 행복의 자리〉, 열린연단, 2015. 1. 3.

102 "Einstein scribbled his theory of happiness in place of a tip. It just sold for more than $1 million." *Washington Post*, 2017. 10. 24.

로 선정된 직후 전 세계로 강연을 다니던 중 1922년 11월 일본 제국호텔 심부름꾼에게 팁으로 준 것이다. '언젠가 팁보다 더 가치가 있을 것'이라며 메모 두 장을 팁으로 주었는데 그가 호텔 메모종이에 독일어로 남긴 다른 메모에는 이렇게 쓰여 있다. "의지가 있는 곳에 길이 있다."

아인슈타인이 강의 차 6주간 머문 일본 체류는 엄청난 사건이었다. 동경에서 통역을 포함해 4시간 동안 진행된 첫 번째 강의에 나타난 유료 입장객이 2만 5천 명에 육박했다. 천황폐하 부부가 황궁에 오는 것을 보기 위해 모여든 군중보다 많다는 인원이었다. 일본인들에게서 큰 인상을 받은 아인슈타인은 아들에게 이렇게 말했다. "내가 만난 모든 국민들 중 나는 일본인을 가장 좋아한다. 그들은 소박하고, 지성적이며, 사려 깊고, 예술에 대한 감성을 지니고 있다." 전쟁국가를 기도企圖하는 아베 권력이 지속되는 것을 보면, 이런 일본인들이 지금 얼마나 있을지 회의적이지만 그 말은 중요한 질문을 남긴다.

우리는 얼마나 조용하고, 소박하고, 지적이고, 사려 깊고, 예술에 대한 감성을 지니고 있는가? 우리를 둘러싼 말들은, 이런저런 매체에서 우리가 듣는 이야기들은, 얼마나 시끄럽고, 자극적이고, 자기 현시적이고, 천박한가? "충격적"이라는 기사 제목은 얼마나 구태의연한가?

커플 건축가 김정주와 윤웅원이 지은 조용하고, 소박하고, 지적이고, 사려 깊고, 예술적인 〈가시리 조랑말박물관〉(제주도 소재, 2005)은 한국의 대표적 건축매체가 사진이 멋지게 나오지 않는다는 이유로 게재거부했다. 거칠고 투박해 필자가 '날것의 미학'이라고 이름붙인 그 작품은 뭇 사람들이 좋아하는 성형미가 아니어서 아름다운데, 세상은, 심지어 문화를 다루는 전문지조차 길들여진 사진빨에 붙잡혀 있다. 건축가 김광수의 〈광주공원시민회관 리노베이션—2011-2015〉도 조용하고, 소박하고, 지적이고, 사려 깊고, 예술적인데 건축사회의 주목을 제대로 받지 못했다. 건물 밖에 군집한 나무들이 건물의 벽을 이루고, 대지의 바닥과 건축의 바닥이, 건물(드러낸 옛 트러스)과 건물 주변의 포장마차 군락이, 옛것과 새것이, 동일성과 차이의 관계를 이루는 불일이불이不一而不二의 아름다움은 안목 있는 자의 몫이다.

우리의 생각이나 감각을 불편하게 하지 않는 이야기들. 일상의 공리와 합리, 그리고 자본에 묶여 우리의 내면에 어떤 파동이나 마찰도 일으키지 않는 문화산업 상품들. 세상을 지배하는 껍데기 아름다움들과 삶의 현실을 잠시 망각하게 하는 가벼운 여흥들. 이것들은 우리를 더 높은 차원의 아름다움에 눈멀게 하고, 심지어 인문학마저 가볍고 즐겁게 소비하게 만든다. 어떤 내면의 저항도, 싸움도 일으키지 않는다. 오래 깨어나지 않는 영혼은 시든다. 레바논의 시인, 화가, 소설가, 철학자 지브란Kahlil Gibran은 〈집에 대하여〉라는 시에서 이렇게 읊었다. "이 집들 속에 너희가 가진 것이 무엇이더냐? 문을 잠그고 너희가 지키는 것, 그것이 무엇이더냐? 편안함과 편안함에 대한 욕심뿐인가. 편안함을 탐하는 마음은 영혼의 정열을 죽이는 것, 그러고는 장례식장으로 웃음을 던지며 걸어가는 것이다."[103] 목전의 현실에 붙잡혀 있는 자와 주어진 현실에 안주하는 자에게, 그는 이렇게 충고한다. "너희는 덫에 걸리지도, 길들지도 말라. 너희의 집은 닻이 아니라 돛이 되어야 한다."

'교양교육liberal arts'을 책임져야 하는 대학은 외부평가에 목맨다. 정원과 맞물려 대학수입금과 직결되기 때문이다. 신자유주의 시장경제가 몰아가는 세상 변화에 영민한 교수들은, 대학

---

[103] 칼릴 지브란, 『예언자』, 유정란 옮김, 더클래식, 2012.

을 단지 밥벌이용 직장으로 삼는다. 그들의 관심은 오직 직장의 안정화다. 20세기 전반의 혼란스러운 문화적 격동 속에서 교육의 문제를 천착했던 런던 대학 교수이자 철학자인 화이트헤드 Alfred North Whitehead는 『교육의 목표』(1929)에서 이렇게 말했다.

"문화는 생각의 활동, 아름다움과 인간적인 감정에 대한 감수성이다. 부스러기 정보들은 그것과 아무 상관없다. 단지 잘 아는 사람은 신神의 지구에 가장 쓸모없는 자다. 우리가 생산 목표로 잡아야 할 것은 문화와 어떤 특별한 방향의 전문 지식이다. 전문 지식이 출발할 지반을 줘서, 문화가 그들을 철학만큼 깊이 그리고 예술만큼 높이 인도해야 할 것이다."

화이트헤드가 쓰고 있는 문화라는 용어는, 이 글에서 쓰고 있는 영혼의 의미와 그리 다르지 않다. 우리 사회 교수들은 시장경제가 추동하는 현실경쟁 시스템에 갇혀 문화 혹은 영혼을 돌아볼 겨를이 없다. 마음도 없다. 교육체계를 바꾸지 않는 한 희망이 없다.

중요한 것은 한계다. 자기초월도 그것을 인식함으로써 가능하고, 인간관계도 그것을 넘나드는 감각으로 깊어진다. 너와 내가 피상적인 관계에서 내면을 나누는 관계로 발전하려면 때때로 형식의 예禮를 위반해야 한다. 그런데 그리하려면 우선 상호존중이라는 기초 위에 신뢰를 구축해야 한다. 그것이 없는 상태에서 그리하는 것은 큰 결례다. 심지어 범죄 행위일 수 있다. 최영미 시인이 〈괴물〉이라는 제목의 시로 폭로했듯, 고은 시인의 변명처럼 성희롱을 마치 격려나 친근함의 표시로 여기거나, 권력 있는 자가 권력 없는 자에게 마치 봉건시대의 윗사람이 아랫사람 대하듯 대하는 오래 묵은 습속은 잘라내야 할 악습이다.

김영란 법은 생활세계에 과도하게 개입해 한국 특유의 온정 사회를 졸지에 차갑게 만든다. 혼신을 바쳐 가르치는 교수에게 학생이 커피 한 잔 주는 것도, 열정적으로 학업에 매진하는 학생에게 교수가 그리하는 것도 부정청탁행위, 곧 위법적 행동이다. 큰 부패부터 제대로 잡고, 그러고서 작은 부패로 점진적으로 확장해나간다면, 따뜻하면서도 정의로운 사회를 만들어 나갈 수 있을 텐데 크게 아쉽다. 큰 도둑은 김영란 법이 아니라 어떤 법도 두려워하지 않는다. 무서워하는 것은 잡히는 것이며 정직한 처벌이다. 그럼에도 불구하고 김영란 법은 나쁜 측면보다 좋은 측면이 훨씬 크다. 갑-을 구도가 만성적 악행을 야기하는 우리 사회 고질병을 치료하는 데 분명하고 확실한 약이다.

한계의 중요성은 말과 몸짓도 다르지 않다. 윤리적으로나 미학적으로 그리고 인식적으로, 한계를 건드리지 않는 것은 이내 허공으로 사라진다. 불투명해 자신의 존재를 고집하는 시어詩語와 달리, 인식 바깥에 존재하는 도구에 불과하기 때문이다. 그러므로 가슴을 건드리고 마음에 닿고자 한다면, 우리는 우리가 할 수 있는 말 속에 머물 것이 아니라 할 수 없는 말을 하려고 애써야 한다. 그것이 설령 실패하더라도, 애쓰는 행위는, 한계에 가고자 하는 몸짓은 우리의 마음을 끈다. 말은, 내용만큼이나 말하는 방식 또한 중요하다.[104]

팬더의 사부인 시푸는 〈쿵푸팬더 3〉에서 주인공 포에게 이렇게 충고한다. "네가 할 수 있는 것만 한다면, 너는 지금의 너보다 결코 더 나은 존재가 될 수 없어." 스탠퍼드 대학 교수 콜린스James C. Collins는 자신의 책『좋은 것을 넘어 위대한 것으로 Good to Great』의 첫째 장을 다음의 글로 시작한다.

---

104 소통 메시지에서 말의 내용이 7퍼센트 정도 차지하는 반면, 목소리의 톤은 38퍼센트 정도를, 신체 언어는 54퍼센트를 차지한다. 「포용할 때 방향 보면 감정 상태 파악 가능(연구)」, 서울신문, 2018. 1. 28.

"좋은 것은 위대한 것의 적이다. 그것이 우리에게 위대하게 된 사람이 극히 적은 핵심 이유들 중 하나다. 우리에게 위대한 학교들이 없는 주된 이유는, 우리가 좋은 학교들을 가지고 있기 때문이다. (…) 위대한 삶을 달성하는 사람들이 거의 없는데, 대개 좋은 삶에 안주하는 것이 그저 너무 쉽기 때문이다."[105]

105   James Collins, *Good to Great: Why Some Companies Make the Leap… And Others Don't*, HarperBusiness, 2011.

11

에필로그

너의 가슴을 건드리고 너의 마음을 움직이고자 하는 나의 말은, 그리하고자 하는 나의 모든 몸짓은, 나의 가슴에서 나오지 않고서는 나와 너 사이의 측량 불가능한 간극을 건너가지 못한다. 그러니 무엇보다 우선 어떤 말이 내 가슴을 건드리는지, 그 말은 어찌해서 그런 힘을 가질 수 있는지 곰곰이 생각해 볼 일이다. 너를 생각하는 일은 곧 나를 생각하는 일이다. 그리고 그것은 곧 영혼의 문제다.

우리가 사는 세상은 영혼을 필요로 하지 않는 쪽으로 돌진

한다. 속도도 빠르다. 이유는 간단하다. 경제의 토대는 늘 불안정한데 영혼은 경제와 무관하기 때문이다. 세속적인 성공과도 거리가 멀다. 한참 멀다. 그리하여 경제에 휘둘리는 세상은 피상성의 파토스와 에토스로 변해가고 우리의 영혼은 그만큼 메말라간다. 생각하는 능력을 잃어가고 유행에 떠밀려 살아간다. 사회관계망 서비스와 유튜브는 대중이 문화의 주권을 거머쥐도록 해주지만, 대중은 니체가 예고한 '마지막 인간' 곧 소소한 영혼micropsychia이 되어 자신의 물질적 안위에만 관심 둔다. 교양교육을 책임지던 상아탑은 교육서비스 회사로 전락해 학생 고객의 현실적 이익을 위해 기꺼이 기계가 된다. 대학생들은 규정된 틀에 따라 학습하는 까닭에, 틀이 없는 열린 과제는 어찌할지 모른다. 정답 없는, 그래서 혼자 생각하고 연구하거나 함께 토의해서 답을 만들어가야 하는 문제에 속수무책이다.

작지만 확실한 행복을 누리며 산다는 '소확행' 곧 '아무나'로 살겠다는 새로운 키워드가 유행이다. 깨달음을 소소한 일상사에 두는 선사禪師의 삶의 양식과 흡사하다. 거대한 스케일로 존재를 통관通觀하는 영혼에게는 모든 것이 사소하다. 생명이란 우주의 먼지가 모이는 것이요, 죽음은 그것이 흩어지는 것에 다름 아니다. 총체적 실존의 근본을 사유할 수 없는 범인은 그저 선사의 외양만 코스프레할 뿐이다. 게다가 행복이 삶의 목적도 아니거니와 행복을 쫓는 삶이 거꾸로 불행을 초래할 수 있다. 그런데도 새롭다는 이유로 정론을 주도해야 할 언론은 받아쓰기 식 기사로 부화뇌동한다. 기껏해야 대학교수, 그것도 서열이 가급적 높은 대학의 교수논평 한마디 옮기는 것이 사회적 책임의 전부다. 더 깊이 고민하게 하는 글이나 비판적 견해는 도무지 찾아볼 수 없다.

영혼은 일차적으로 공공 교육기관이 책임져야 할 문제다. 다시 말하건대, 교양교육은 영혼의 핵심이다. 그런데 2017년 하반기에 실시한 한 여론조사에 따르면, 문재인 정부의 정책 중 교육 분야 지지율이 가장 낮다. 35퍼센트라니, 실망을 넘어 여간 염려할 일이 아니다. 촛불민심의 힘으로 좀 더 정의롭고 자유로운 세상을 도모하겠다고 나선 정부가, 막상 인간됨의 문제의 핵심인 교육정책을 제대로 챙기지 못하는 것은 예삿일이 아니다. 대학입학 예정자가 매년 빠른 속도로 줄어들어 대학이 위기에 처해 있다. 늘 그렇듯, 교육부는 돈으로 해결해나가는 중이다. 그런데 생각의 방향을 근본적으로 전환할 수 없을까. 공적 자금으로 교육환경을 주야간으로 확대해 대학교육을 원하는 사람은 누구든 공부할 수 있게 한다면, 그래서 대학입시를 없앤다면 어떨까. 그리하면 입시와 맞물린 우리 사회의 여러 병폐들을 온전히 없앨 수 있지 않을까? 그럴 뿐 아니라 감수성의 기본 골격이 형성되는 십대 청소년들을 획기적으로 달리 교육할 수 있지 않을까? 교수들을 순환하면 대학 서열화 문제도 없애나갈 수 있을 것이다.

주택정책도 그렇다. 연구결과에 따르면 자살과 열악한 거주 환경은 상관성이 매우 높다.[106] 생명 있는 존재의 근본적인 불안은 '집 없음'에서 비롯한다. 실존적 불안에 붙잡혀 있는 영혼은 돌보기도 어렵지만 방치하는 것은 자살로 몰아가는 일이다. 인간은 자신이 거주할 공간과 끼니 걱정만 없어도 자존감을 갖는다. 그리하여 인간적인 삶을 모색하기 마련이다. 국가가 나선다면 아마도, 전세와 월세를 내는 돈만으로도 모든 거주자들이 집을 소유하거나 평생 임대하도록 할 수 있을 것이다.

예술을 포함해 모든 의미 있는 지적 · 문화적 작업은 한계를 서성인다. 그리해야 마땅하다. 영혼의 식량인 교양, 곧 철학과

---

106 자살을 초래하는 "공통적인 인구사회학적 위험요인은 '열악한 주거환경'"이다. 「'자살 빅데이터' 첫 공개] 읍 · 면 · 동따라 위험도 큰 편차… 지역별 세부대응 필요」, 경향신문, 2017. 9. 11.

도덕과 예술이 그렇고, 심지어 너와 내가 더 깊은 관계를 이루기 위해서도 그렇다. 정신은 그로써 성장하는데, 이러한 성장은 어떤 물질적 쾌락도 넘볼 수 없는 기쁨을 준다. 성장은 심지어 삶의 목적이라고까지 말할 수도 있겠다. 개인이든 사회든 무릇 성장이란, 진리와 도덕과 감각의 한계를 감히 건드리고 넘어서는 행위를 포용하는 용량에 달렸다.

우리는 지금 여러 형태의 도전에 직면해 있다. 1) 우선, 생각의 활동이 심각하게 도전받고 있다. 우리의 내면까지 파고든 소비주의 문화는 이미지를 매개로 생각 활동을 우회한다. 그로써 생각하는 능력을 허약하게 만든다. 사태가 정작 이러한데도 비판적 이성을 장려하고 함양하는 곳은 어디서도 찾기 어렵다. 대학마저 불구상태다. 천만 명을 넘기는 소위 '기획된' 상업영화들은, 감성코드를 치밀하게 배치해 고객의 수동적 만족감을 극대화한다.

2) 윤리도 한계에 직면해 있다. 윤리의 감각은 근본적으로 사람과 사람 혹은 개인과 공동체 간의 관계에 대한 의식과 반성에서 비롯한다. 각자도생의 삶에는 기개가 들어설 여지가 없다. 개인적 분노는 표면적이며 순간적이다. 부끄러움과 수치는

공적 영역에서 사라진 지 오래다. 떳떳한 명예를 추구해야 할 정치인은 부와 권력만 쫓는다. 95퍼센트가 넘는 사람들이 부정행위로 입사했다는 강원랜드 채용비리는 귀를 의심하게 만든다. 세상은 빠른 속도로 개별화되어 가는데 개인주의적 공동체는 낌새가 전혀 없다.

3) 아름다움도 위기다. 이미 오래전에 시장이 흡수한 아름다움은, 상품을 포장하는 '껍데기 아름다움' 형태로 일상에 차고 넘친다. 예술은 이제 반反미학anaesthetic[107]이 될 수밖에 없다. 말할 수 없는 것을 말하고, 볼 수 없는 것과 들을 수 없는 것을 제시하고, 생각할 수 없는 것을 생각하게 하는 길밖에 없다. 혹은 한계 그 자체를 드러내는 길밖에 없다. 지각과 감각의 한계에 갇히는 한 어떤 말과 몸짓도 무의미하다. 범람하는 아름다움에 떠밀려갈 뿐이다.

생각의 활동이 위축되고 윤리 감각이 상실되고 미학이 사라지는 사회, 곧 '영혼 없는 사회'가 우리를 육박해오고 있다. 희

107　독일의 벨슈(Wolfgang Welsch)가 대표적 이론가다. Jerom Carroll, "Art at the Limits of Perception: the Aesthetic Theory of Wolfgang Welsch," Ph. D. Dissertation, University of Nottingham, 2004.

망의 조짐은 쉬이 보이지 않는다. 공적 영역에서의 교양교육이, 그리고 상품화된 문화에 맞설 본디의 문화 곧 대항문화가 더없이 절박하다.

· 로베르드 무질,『사랑의 완성』, 최성욱 옮김, 북인더갭, 2015.

· 로베르트 무질,『특성 없는 남자 1』, 안병률 옮김, 북인더갭, 2013.

· 로베르트 무질,『특성 없는 남자 2』, 안병률 옮김, 북인더갭, 2013.

· 로베르트 발저,『벤야멘타 하인학교: 야콥 폰 군텐 이야기』, 홍길표 옮김, 문학동네, 2009.

· 리처드 탈러,『똑똑한 사람들의 멍청한 선택』, 박세연 옮김, 리더스북, 2016.

· 모리스 프리드먼,『아이 엠 댓: 스리 니사르가닷따 마하라지와의 대담』, 탐구사, 2007.

· 신기욱,『슈퍼피셜 코리아: 화려한 한국의 빈곤한 풍경』, 문학동네, 2017.

· 엘리자베스 퀴블러 로스 · 데이비드 케슬러,『인생수업』(eBOOK), 류시화 옮김, 이레, 2006.

· 오츠 슈이치,『죽을 때 후회하는 스물다섯 가지』, 황소연 옮김, 아르테, 2015.

· 이종건,『깊은 이미지』, 궁리, 2017.

· 칼릴 지브란,『예언자』, 유정란 옮김, 더클래식, 2012.

· 탄줘잉,『살아 있는 동안 꼭 해야 할 49가지』, 김명은 옮김, 위즈덤하우스, 2007.

· 폴 블룸, 『우리는 왜 빠져드는가?』, 문희경 옮김, 살림, 2011.

· 프레드릭 제임슨, 『정치적 무의식』, 이경덕 · 서강목 옮김, 민음사, 2015.

· 플라톤, 『소크라테스의 변명』, 황문수 옮김, 문예출판사, 2013.

· Alain de Botton, *How to Think More About Sex* (Kindle version), Picador, 2012.

· Aristotle, *Nichomachean Ethics*, eds. J. L. Ackrill, J. O. Urmson, and D. Ross, Oxford University Press, 1998.

· Edmund Burke, *A Philosophical Enquiry into the Origin Of Our Ideas of the Sublime and Beautiful*, second edition, 1759.

· Francis Fukuyama, *The End of History and the Last Man*, Free Press, 1992.

· Friedrich Nietzsche, *Daybreak: Thoughts on the Prejudices of Morality*, ed. by M. Clark and B. Leiter, trans. by R. J. Hollingdale, Cambridge University Press, 1997.

· Friedrich Nietzsche, *The Gay Science*, ed. by B. Williams, trans. by J. N. Nauckhoff, Cambridge University Press, 2001.

· Friedrich Nietzsche, *Thus Spoke Zarathustra*, ed. by A. D. Caro and R. B. Pippin, trans. by A. D. Caro, Cambridge University Press, 2006.

· Georg Wilhelm Friedrich Hegel, *Early Theological Writings*, trans. by T. M. Knox and R. Kroner, 3rd edition, University of Pennsylvania Press, 1975.

· Jacques Derrida, *Given Time: I. Counterfeit Money*, University of Chicago Press, 1994.

· James Collins, *Good to Great: Why Some Companies Make the Leap… And Others Don't*, HarperBusiness, 2011.

· Jean-Paul Sartre, *Being and Nothingness*, trans. by Hazel E. Barnes, Washington Square Press, 1993.

· Jerom Carroll, "Art at the Limits of Perception: the Aesthetic Theory of

Wolfgang Welsch," Ph. D. Dissertation, University of Nottingham, 2004.

· Jessica Moss, "Shame, Pleasure and the Divided Soul," *Oxford Studies in Ancient Philosophy*, vol. XXIX, 2005.

· Jim Clemmer, *The Leader's Digest: Timeless Principles for Team and Organization*, TCG Press, 2003.

· Kevin Patrick Osborne, "Aristotle's Conception of Megalopsychia," Ph. D. Dissertation, City University of New York, 1979.

· Mary P. Nichols, "Friendship and Community in Plato's Lysis," *The Review of Politics* 68, 2006.

· Paul Verhaeghe, "Neurosis and Perversion: Il n'y a pas de rapport sexuel," In *Journal of the Centre for Freudian Analysis and Research*, 6, Winter 1995.

· Robert E. Egner and Lester E. Denonn ed, *The Basic Writings of Bertrand Russell*, Routledge, 2009.

· Ryan C. Kinsella, *Nietzsche's Conception of Friendship*, Master of Philosophy dissertation, University of Notre Dame Australia, July 2007.

· Tamar Szabó Gendler, "Alief and Belief," *Journal of Philosophy*, 2007.

영혼의 말

1판 1쇄 찍음 2018년 7월 5일
1판 1쇄 펴냄 2018년 7월 12일

지은이 이종건

주간 김현숙 | **편집** 변효현, 김주희
디자인 이현정, 전미혜
영업 백국현, 정강석 | **관리** 김옥연

펴낸곳 궁리출판 | **펴낸이** 이갑수

등록 1999년 3월 29일 제300-2004-162호
주소 10881 경기도 파주시 회동길 325-12
전화 031-955-9818 | **팩스** 031-955-9848
홈페이지 www.kungree.com
전자우편 kungree@kungree.com
페이스북 /kungreepress | **트위터** @kungreepress

ISBN 978-89-5820-535-7 03100
ISBN 978-89-5820-413-8 03100(세트)

값 10,000원